华夏文库·民俗书系

白云千载

龙岩适中盂兰盆盛会

段勇彬 著

中原传媒　中州古籍出版社

《华夏文库》发凡

毫无疑问，每一个时代都有属于自己时代的精神追求、文化叩问与出版理想。我们不禁要问，在 21 世纪初叶，在全球文明交融的今天，在信息文明的发轫初期，作为中国出版人，我们正在或者将要追求什么？我们能够成就或奉献什么？我们以何种方式参与全球化时代的文化传播进程？在一连串的追问下，于是，有了这套《华夏文库》的出版。

自信才能交融。世界各大文明在坚守自身文化个性的同时，不约而同地加快了探视其他文化精神内涵的步伐，世界不同文明正在朝着了解、交流、碰撞、借鉴与融合的方向前进。在此背景下，建立自身的文化自信，正是与世界各文明民族进行文化交流的基本要求。五千年中华文明与文化正在不断地被其他文明所发现、所挖掘、所认知，汉语言正在生长为世界语言，儒文化正在世界各地生根发芽。

借助这样一种正在成长着的文化自信、自觉、开放、亲和之力，用我们这个时代的学术眼光全面系统梳理中华五千年的文明与文化，向其他各大文明与文化圈正面展示自我，让中华优秀文化成为世界文化的重要组成部分，正是我们出版这套文库的目的之一。此其一。

知己才能知彼。身处五千年文化浸润的今天，重新审视我们先人的人生思考、价值思考与哲学思考，找到一个民族、一个国家的价值所在、立命所在、安身所在，这已经是我们这个时代的学人与出版人不得不再思考的问题。作为中华文明的一分子，我们在思考的同时，还必须了解我们的先人创造了如何优秀的精神文明与物质文明以及社会文明。只有熟知自己的文化，热爱自己的文化，悟明自己的文化，我们才能宣说自己、弘扬自己、光大自己。因此，我们策划组织这套《华夏文库》的初衷，还在于让当下的知识青年全面系统瞭望中华文明与文化的全景，并借此能够对更为深广的世界各民族文化提供一个比较认知的基础。此其二。

顺势才能有为。我们正处在农耕文明、工业文明、信息文明的交汇处，信息文明带领我们从读纸时代进入读屏时代，以智能手机屏幕为代表的书籍呈现方式正在与纸质书籍争夺阅读时间与空间。我们正在领悟数字技术，正在以信息文明的视角，去整理、分析和研究农耕文明与工业文明的文化遗产，不仅仅是为了唤醒优秀的传统文化，我们还在生发和原创着当今时代的文化。由此，我们试图架起一座桥梁——由纸质呈现而数字呈现，由数字呈现而纸质呈现，以多媒介的书籍呈现方式，将文字、图像、声音与视频四者结合，共同筑成《华夏文库》以奉献给信息文明时代的新读者。此其三。

总之，这是一套——专家大家名家写小书；以最小的阅读单元，原创撰写中华精神文明、物质文明与社会文明系列主题与专题；以图文、声视频多媒介呈现的方式，全面介绍与传播中华文明与优秀文化，系统普及与推介中华文明与文化知识；主旨是为了让世界与中国共同了解中国的——大型丛书，借此，复兴文化，唤起精神，融入世界。

耿相新
2013年6月27日

《华夏文库·民俗书系》序

《民俗书系》是中原出版传媒集团一项浩大工程《华夏文库》的一个重要组成部分,分为十个系列:生产贸易民俗系列,衣食住行民俗系列,社会家庭民俗系列,人生仪礼民俗系列,生态、科技民俗系列,信仰民俗系列,岁时节令民俗系列,语言文学民俗系列,民间游乐民俗系列和民间艺术系列,涉及民俗文化的所有方面。这是一套具有相当规模的民俗类丛书。第一期约300本,每个省、自治区、直辖市10本左右。以后还有第二期、第三期。从数量上看,这套书在民俗文化呈现的广度方面是前所未有的。

有规模,成体系,才能产生深刻而广泛的社会效应。就民俗文化而言,一两本书,做得再精致,影响也是有限的。只有达到一定规模,才能全面、系统而又细致地展现中国各民族各地区丰富灿烂的民俗文化。中国幅员广阔、民族众多,以往有关民俗文化的呈现多是局部的,有很大的局限性,而《民俗书系》是对中华各民族民俗文化全方位的展示,超越了已出版的任何一套民俗丛书。这有助于对中华各民族民俗文化进行整体观照,多向度地把握、理解和享用中华各民族民俗文化。

十个系列仅仅是给定了民俗文库选题的范围和领域,而每本书的选题要求主要体现在两个方面。一是强调具体和细微。选题越具体越好,越细微越好。以往民俗文化方面的书,选题都比较大,侧重在"面"

上，而《民俗书系》的选题，侧重在"点"上。譬如中国民居方面的选题，以往即为中国民居，如陕北窑洞、蒙古包、客家民居、北京四合院等等，我们这套书要求选题更为具体，诸如门、床、窗、影壁、屋脊、砖雕、上梁仪式、天井等等。选题越具体、越集中，越能书写得深入，越能说得透彻，从不同方面把这一指向范围细微的"事象"的表现形式、过程、内涵阐述清楚。一个选题，仅涉及一个方面的话题或事物，全书就围绕一个具体的民俗"事象"集中笔墨展开阐述。

二是强调地域性。选择具有地方特色的民俗文化。选题不避偏，即便是不为外界所知的民俗文化"事象"，也可以作为选题。这样的选题纳入整套书系之中，其所描述的对象就成为整个中华民族民间文化体系中的一部分，具有不可替代的位置。通过这套文库的出版，将这一原本影响不大的民俗文化"事象"推向全国，乃至世界。此处的地域是具体的，不是覆盖整个省，甚至大片地区和流域，而是局限于某一市县、某一城镇、某一村落。写一个具体地方的某一具体的民俗"事象"，民俗"事象"所流传的范围是明确的。当然，也有的以一个地方的某一民俗"事象"为书写中心，适当涉及其他地方相同的民俗"事象"，包括引用其起源、历史发展脉络和内涵分析等方面的相关资料，采用了以点带面的叙述范式。也有的通过图片的方式，连接其他地方同一民俗文化"事象"，做一些适当比较。

在这两点要求的基础上，这套民俗书系的选题是开放性的，面向中华各民族的广袤大地和民俗文化的汪洋大海。

《民俗书系》中的每本书字数在6万～7万，配有多幅图。根据选题本身的特点选择不同的写作角度和呈现方式，甚至有的以图为主，文字只是起到辅助、说明的作用。也有的以一个故事或传说为引导，再进入民俗"事象"本身，展开层层阐述。每本书的结构简洁而又灵活,便于作者把握和读者阅读。在述与论的关系方面,以"述"为主,"述"是全书主要的行文方式和表现主体;以"论"为辅,富有层次地清晰演示特定民俗"事象"的表现形态及其现状和历史,说明其深厚的文化内涵,提供其社会及文化背景。每幅图片都有比较翔实的说明,诸如图片中的人是谁,都在干什么,主要景观和物品的名称、含义,画面属于仪式过程的哪个环节等。图片不是配图,不是为了美观,而是整本书的有机组成部分。

这套《民俗书系》追求一种原生态写作境界。这里的原生态,就是强调民俗表达的原汁原味。所使用的文字素材和图片基本上是作者自己采集到的第一手资料,夯实了全书的所有内容。这套书系的作者绝大多数不是学者或专业研究人员,而是地方文化精英,是地方民间文化传统的积极传承者。作者就是当地人,对这一选题或这一民俗"事象"最为熟悉,而且反复经历和参与过这一民俗活动,最了解这一民俗活动,并具有一定的书面语言表达能力,是最适合写这本书的人。作者对这一选题有比较丰富的资料积累和信息储备,是这一选题的代言人和权威,而书的出版更是对作者权威地位的认定。这套书系的价值主要不是学术上的,不是理论方法方面的,而是发掘地方民俗文化资源,真实、客观地再现了民俗文化,展示了民俗文化本身具有的文化魅力和现实意义。这套书系可称之为原生态民俗书系。

《民俗书系》编纂和出版的动机是宏伟的,具有高远的历史文化志向和神圣的现实责任感。这一浩大工程值得您的期待,更值得您的关注。

万建中

2015 年 1 月 20 日于京师园

目 录

前言 ·· 1

一 适中盂兰盆盛会产生的生态环境

1 适中盂兰盆盛会简介 ······················ 6
2 适中盂兰盆盛会的地理环境 ··············· 9
3 适中盂兰盆盛会的历史环境 ··············· 11
4 适中盂兰盆盛会的人文环境 ··············· 14
5 与适中盂兰盆盛会息息相关的适中古迹 ······ 19

二 盂兰盆节

1 盂兰盆与宗教 ···························· 28
2 盂兰盆与民间风俗 ······················· 30

三　白云千载盂兰盆

1　适中盂兰盆盛会的缘起 …………………………… 33

2　适中盂兰盆盛会的主要特点 ……………………… 36

3　适中盂兰盆盛会融合佛、道、儒三教 …………… 39

4　适中盂兰盆盛会的基本内容 ……………………… 41

5　适中盂兰盆盛会主道场——白云堂 ……………… 49

四　适中盂兰盆盛会的行台

1　水尾行台 …………………………………………… 56

2　新安行台 …………………………………………… 62

3　石桥头行台 ………………………………………… 67

4　蓝田行台 …………………………………………… 71

5　黄田行台 …………………………………………… 74

6　土城行台 …………………………………………… 76

7　保太佛寮点 ………………………………………… 78

五　第五十六届甲年适中盂兰盆盛会活动流程

六　不断变迁的适中盂兰盆盛会

七　关于适中盂兰盆盛会的研讨

  1　适中盂兰盆盛会起始时间考……………………87
  2　关于龙岩适中盂兰盆盛会的考察………………91
  3　白云千载驻悠悠…………………………………99
  4　"正顺圣王"是何尊神的争议……………………107
  5　朱熹在适中的传说和"四姓七团"的由来………112
  6　适中公馆…………………………………………115

附录

  1　白云堂历代碑文…………………………………119
  2　谢阳周公计充正梁　谋得参与盂兰盆盛会………123

后记……………………………………………………………125

前　言

梁启超先生在《中国历史上民族之研究》一文中曾指出："吾侪研究中华民族，最难解者无过福建人。"饮冰子此言，意在指福建人在人种学来源上比较复杂，不容易搞清楚。对于福建的汉族，梁先生甚至认为其"含有极诡异之成分"。何以有斯言？福建族源的多元性或是其诸般因素之一。闽越人是福建原住居民，而后在漫长的历史进程中，不同时期、不同地域的北民南迁，不同的民族及族群逐渐相融于八闽大地，不但使梁启超先生难解于其人种来源，更给福建带来了迥异的方言、不同的民俗，或保留其方言、民俗，或彼此间吸收融合。多样的民俗极大地丰富了当地的文化。

福建族群融合的历史在其辖下地级市龙岩境内的体现亦很明显，龙岩是中国大陆地级行政区划中，唯一以"龙"这一中华民族文化象征符号命名者，因地处福建之西，故又通称"闽西"，此外交通闽、粤、赣三省，其民则以畲族及闽南、客家两大汉族族群融合相处，其方言又以全国八大方言区中之闽南话与客家话为主。龙岩的历史是古闽越人刀耕火种的历史，龙岩的历史是河洛先祖筚路蓝缕的历史，龙岩的历史是客家先民辗转流离的历史。历史与历史在这里交汇碰撞，碰撞出了丰富多彩的火花：这里有多达二十多种古韵悠长的方言，这里有建于各个时期体现闽南与客家两大族群不同风格的历史建筑，这里更有多姿多彩让人应接不暇的民俗活动。

本书将要介绍的适中盂兰盆盛会正是龙岩多元民俗文化中的一朵奇葩。每逢农历天干甲、乙、丙三年的十月份，龙岩市新罗区适中镇都会举办盂兰盆盛会，这是一个历经八百年而不衰、承载厚重文化内涵、远近数百里闻名、号称"盂兰盆"却非"盂兰盆"的神秘奇特的民俗节庆活动。适中盂兰盆盛会已被列入《福建省非物质文化遗产代表作名录》，成为当地需世世代代保护、传承的一个"非物质文化遗产"。它的神秘、奇特，越来越引起方方面面的高度关注。

龙岩适中盂兰盆盛会源自中原佛事祭祀活动盂兰盆会，自1214年首办并初定仪式、规矩后逐渐发展至今，期间以1454年为分水岭，自该年始，适中盂兰盆盛会由当地陈、林、赖、谢四大姓联合举办，仪式、规矩亦逐步完善成今日模样。适中盂兰盆盛会虽名曰"盂兰盆"，又有别于一般的盂兰盆会，其主祀者被尊称为"正顺圣王"，负责操办盛会的人员被称为"缘首"，盛会始终以虔诚奉祀"正顺圣王"为主题。适中盂兰盆盛会发展至今，已不仅仅是适中百姓的盛会，临近乡镇乃至周边县市的百姓前来一睹盛况者早已不在少数，近几届更吸引了不少外省民众前来参与，甚至出现了金发碧眼的外国人。适中盂兰盆盛会正以其别样风姿吸引着越来越多的百姓参与其中。

适中盂兰盆盛会是群众举办的文化艺术节，在"日则耕田夜同眠"的古代，盛会不但表达了适中先民的心愿，更丰富了大家的文化生活，满足了农民的精神需求。更值得一提的是，盛会期间，"缘首"会颁布乡规民约，其中一条是这样写的："盛会期间，不准打架、斗殴，对于过去乡人有不睦之举的双方，在盛会期间，必须消除隔膜，相互和好。"此约具体成于何时已无从稽考，却代代相传，其他诸如不得出现偷盗行为等亦予以颁布。是故，凡逢盛会，当地社会秩序一片井然，颇有路不拾遗、夜不闭户之风。导人向善，教化世人，既是佛、道宗教教义，亦为孔、孟之道所提倡，适中先民将其以民约的方式融入盂兰盆盛会，视其为原始的契约精神似无不妥，正是"举头三尺有神明，莫欺天地与苍生"。此外，尽管适中盂兰盆盛会有着浓厚的地方特色，但适中乡民并不排外，"凡外地客人来观看盛会，乡里都要热情款待，以尽主人之道，弘扬礼义之举"。这条规定既体现了盛会的包容性，亦体现了其所包含的儒家礼义之风。

适中盂兰盆盛会脱胎于盂兰盆会，却又比盂兰盆会更丰富，有其历史原因，有其地理因素，更有着文化名人带来的影响。八百年来，尽管在某些时期因特定历史原因曾短暂中断过，但融入适中人血液的盛会基因却一直传承了下来，并在新时代焕发出新的生机。现如今，适中盂兰盆盛会已不仅是民俗文化饕餮，更成为"福建省非物质文化遗产代表作"，相信未来它将会大放光彩。

一 适中盂兰盆盛会产生的生态环境

1 适中盂兰盆盛会简介

适中盂兰盆盛会就其源流而言,可以追溯到盂兰盆会,却有别于盂兰盆会。相传适中盂兰盆盛会是为了纪念东晋淝水之战的民族英雄谢安,尊崇谢安为"正顺圣王",按中原传统风俗祭祀,保存了河洛文化的重要特色。(关于"正顺圣王"的原型是谁,尚有两种说法。一种说法认为"正顺圣王"为北宋神宗钦点状元黄裳之弟子谢佑,另一种说法认为"正顺圣王"是适中先民一种共同的精神化身,并不是真实的历史人物。)早在1214年,适中先民便举办了第一届盂兰盆盛会,并初步形成一套祭祀活动仪规;1454年,适中陈、林、赖、谢四姓开始联办盂兰盆盛会,以创始初期制定的乡规民约为序,由四姓中有威望的名人绅士和由四姓家族公推首选的"缘首"7人负责筹备操办了整个盂兰盆盛会。

此前两届的"缘首"人选为第55届(1994~1996)的"缘首"是谢荣皆、赖全根、赖明波、陈洪深、林岳山、谢春荣、谢阳宣;第56届(2004~2006)是谢春荣、赖全根、林岳山、陈江水、赖明波、谢阳宣。

2014年举办的适中盂兰盆盛会已是第57届。至此,适中盂兰盆

第57届适中盂兰盆盛会开幕

盛会一角如潮的人群

一　适中盂兰盆盛会产生的生态环境 | 7

盛会历时560年，若从1214年算起，则已有800年历史。适中盂兰盆盛会始于每届的首年（即天干甲年），从农历十月初一起，乡民全都参与，先从敦古白云堂开始，各村搭佛寮，辅以舞龙、舞狮、竹马灯和汉剧团、山歌剧团演戏等，热闹非凡，盛况空前。巡游队伍较为引人注目的有民俗文化踩街、大台戏"正顺圣王"出巡队伍等，具有独特民俗文化的区域特点。

　　适中盂兰盆盛会是我国传统典型的民间民俗文化的优秀代表作，至今仍保留着原有民俗文化活动的内涵和风貌。2005年11月，其被福建省人民政府批准为"省级非物质文化遗产保护项目"。那么适中盂兰盆盛会缘何诞生？其与其他地方的盂兰盆会又有何不同？其特点及主要活动又有哪些呢？

2 适中盂兰盆盛会的地理环境

适中镇是位于福建省龙岩市新罗区东隅一个属闽南方言语系的小镇,原称适中乡,镇辖22个行政村,与龙岩市永定区、漳平市、漳州市南靖县交界,东连漳平、南交南靖、西邻永定,距龙岩市区36公里,位于东经117°02′~117°12′、北纬24°47′~25°02′之间,是一块重峦叠嶂环抱着的肥沃小盆地。境内巍峨险峻的坂寮岭,把内陆山区与沿海平原地带分开,成为天然的屏障,古时只在峡谷中有一峡谷孔道相通,是闽西、赣南进出闽南、粤东沿海之要道,也是联系沿海与内地的主要物资集散地,素有"龙岩南大门"之称。

"上坪"是适中镇的旧地名。唐开元二十四年(736)置新罗县(天宝元年改名龙岩)。明成化年间(1465~1487)龙岩县知县陶博于此置上坪公馆,设巡按、巡通、理刑三馆;另在缘岭(今仁和村北山)建有北坪公馆,设中军营。明嘉靖十二年(1533)《吴公像祠记》载:适中"地跨山海,雄截乎四方咽喉""环万山居之,地隘民稠,俨然如藩屏""所往还京师所系,尽皆鸟道,旧无构庐,后建驿,记适中",

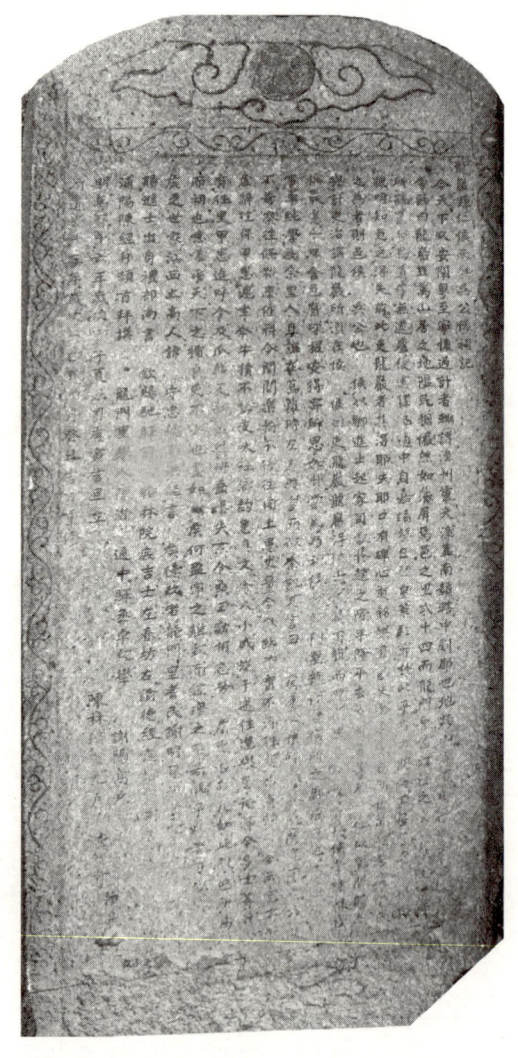

吴公像祠石碑文

适中由此而得名。又："自嘉靖癸巳始皇华驻节于此。"自南宋偏安东南，福建日益成为中国文化中心之一后，适中也日渐成为经济繁荣、文明昌盛的名镇。

3 适中盂兰盆盛会的历史环境

"适中地区"于何时就叫这个名字？现已无从考证。我国最古老的地理书《禹贡》，将长江中下游概称为南蛮之地。受限于年代局限性，彼时的适中未必已纳入《禹贡》范围。历史迁延，东周列国时适中所在地称为七闽，战国时属越，秦王朝时属闽中郡，汉初为闽越国，其国至汉武帝时为刘彻所灭，徙其人，圩其地，后复生聚，因之为治县，属会稽郡，汉末分治县为东、南二县，适中属南治县，三国属吴建安郡。晋太康三年（282）析建安郡之一部为晋安郡，龙岩初名苦草镇。西晋"八王之乱"及其后之"五胡乱华"，"其时衣冠南渡，八姓入闽"，遂有更多汉人与当地少数民族融合。南朝梁天监年间（502～519）龙溪置县（即今漳州，原在漳浦，786年移今址），适中属漳州郡龙溪县。唐开元二十四年（736）苦草镇始设新罗县，适中属汀州辖下。天宝元年（742）新罗县改称龙岩县，适中随龙岩县属漳州（至宋、元、明、清，适中尽属漳州）。明嘉靖三十七年（1558），龙岩县全境农村设乡、里、社。上坪隶属于龙岩县铁石乡龙门里管辖，设上坪上社、上坪中社、上坪下社。上坪上社辖上山（象山）、颜畲（颜祠）、新畲（新祠）、

一 适中盂兰盆盛会产生的生态环境 | 11

蓝坑（蓝田）、莒舟、马坑；上坪中社辖洋邦（洋东）、敦睦（中心）、土城（中溪）、荫林（保丰）、石马（保丰）；上坪下社辖缘岭（仁和）、河口（仁和北山）、坂寮、上屿、下屿。清道光十五年（1835），上坪上、中、下三社合并，称为"适中社"，龙岩县有二十四里，适中属龙门里，称上坪堡。清雍正十二年（1734）升龙岩县为龙岩直隶州。至1913年废府、州，龙岩复为县，隶属于汀漳道。1915年龙岩县直属于福建省，适中隶属关系亦随之改为隶属龙岩。

1987年7月及1990年9月，中国考古博物馆学会会员、适中镇中溪村龙埔人林焘在适中镇中溪村龙埔临近小溪坐北朝南的山腰上共采集到12件旧石器，有石钻、凸刃削刮器、尖状器和石片（现均存于龙岩博物馆），质地为燧石。除石片外，余者在通过第二步精细加工后，经中国科学院古脊椎动物与古人类研究所鉴定，其年代为旧石器到新石器过渡阶段，属"漳州文化"同类型的遗存，填补了龙岩地区没有旧石器遗存的空白，为适中甚至整个闽西南的历史提前几千年提供了令人信服的实物依据。据此推测，距今约8000～10000年前，适中就已有人类活动。据现有史料记载，唐宋年间，适中开始形成先民定居的村落，由于中原战争频繁，兵荒马乱，中原灾民纷纷南迁，传说最早到上坪定居的有黄、李、赵、蔡、严、王、筱、张、石、邓、许等姓先民。两宋之交，北方兵祸接连不断，中原百姓再度大举南迁，南宋后，陆续定居适中之汉人以陈、林、赖、谢四姓为主，其规模胜于先前定居的各姓。

在联合举办适中盂兰盆盛会的四大姓中，陈姓先民来适中最早。南宋建炎二年（1128），唐将军广济王陈元光后裔陈七七率弟八八、九九等由河南光州固始县南迁龙岩各地；陈七七之孙陈小十来适中开基，为陈姓适中一世祖，祠建宿岐山。1277年左右，上杭古田谢氏十世祖万十二郎偕妻吴氏、子小五郎，随文天祥抗元义军南下到龙岩邑龙门里上坪水尾（今适中镇保丰村）卜地而居，为本支谢氏龙岩上坪开基始祖，谱称为岩坪谢氏一世祖；谢氏子孙在此繁衍生息，人数众多，长期占全镇人口三分之一左右，现约占适中总人口数的三分之二。唐高宗年间，赖标统兵相助陈政、陈元光父子平闽，追寇至上杭古田一鼓而定，遂定居该地，其第十六世裔孙三十六郎，于宋末元初迁徙到龙岩州龙门里上坪堡西山坪坑定居，为适中赖朝英户一世祖；明永乐二年（1404）第十六世嗣孙赖亲公，从上杭古田迁居至适中洋东村西甲和上赖自然村，为赖明高户、赖万良户，系赖标后嗣大三五郎传下，因谱牒遗失，无可查证。元延祐二年（1315），林氏祖先九郎公携三子从漳平永福梨仔坪，迁到上坪象山开基。先后到上坪定居的黄、颜、萧、张、杨、潘、石、郑、卢、邱、江、李等近百姓氏，大都在元末明初来适中定居。几百年来，不论先来者抑或后到之民，各姓乡民和谐相处，共建家园，延续至今。来自不同地域的近百家族，如何在一个新的地方和睦相处，成了先后来适中定居的百姓的共同问题，拥有一个共同的精神信仰无疑是最好的选择。

4　适中盂兰盆盛会的人文环境

适中先民在这片山区盆地上繁衍生息,历经岁月洗涤、沧海桑田,也给后人留下了光辉灿烂、丰富浓厚的历史文化瑰宝。这里保留着福建省一个乡镇境内数量最多(多达两百多座)、历史最悠久、楼层最高、风格最独特的土楼群;这里有被古建筑研究专家路秉杰教授称为"中国第一塔"的——文明塔;这里有当年文天祥驻师故垒胜地——丞相垒;这里有被称为"白云钟鼓、长塔熏风、虎岭松涛、龙埔夜月、上方晴雪、蔡坑春树、屏山夕照、柳驷晓烟"的八大美景;这里有以谢氏第一祖家庙——崇报堂为代表的100多座保存完好的适中各大姓氏古宗庙祠堂;这里有为标榜学生弟子考试而晋中举人、进士的纪念场所——魁楼;更有与本书息息相关的白云堂等诸多历史名胜文化古迹,历史名人留下的业绩与遗闻逸事,家喻户晓的民间故事、传说、歌谣、谚语和极具特色的民俗活动,完整地体现了适中的地方特色和传统风貌。

儒学宗师朱熹任漳州知府时,龙岩县隶属漳州府管辖,文化尚处混沌不化之时。于是,朱熹便亲赴龙岩讲学,倡导儒学,并写有《龙岩学宫记》《劝农书》等。在适中考察时,他根据当地的地理环境,向当地乡民提出修建文明塔与魁楼,并亲自选址。而历经千余载的白云堂,虽始建于唐朝,然将其作为适中盂兰盆盛会主祭所在则是由朱熹建议的。同时,朱熹引导村民将东晋时保住汉家半壁江山的谢安奉为主神祭祀,并在传统祭祀意义上增添了增进邻里和睦的浓重色彩。

  状元宰相文天祥亦在适中留下一段佳话和众多遗迹。文天祥保宋室南下时曾于龙岩屯兵两个多月,后从适中坂寮岭转攻梅州。适中现今还存留文天祥国公桥、丞相垒、待御桥等古迹。随军的一些老弱伤员留下来开基创业,其中便有适中谢氏先祖。清乾隆年间适中神童林希尹有诗传诵:

> 当年丞相过桥东,战马萧萧满路风。
> 万古人间留壮烈,百年溪水泣英雄。
> 伤心荒径碑犹在,极目寒山事已空。
> 怀古不堪回首望,冷烟衰草夕阳红。

  时至明朝中叶,名冠古今的王阳明在平定江西、广东、福建等地民乱时经适中取道至平和,曾参观过白云堂并留诗一首,题目就叫《白云堂》:

> 白云僧舍市桥东,别院回廊小径通。
> 岁古檐松存独干,春还庭竹发新丛。
> 晴窗暗映群峰雪,清梵长飘高阁风。
> 迁客从来甘寂寞,青鞋时过月明中。

此诗收录在《王阳明集》卷内，也刻在白云堂内的石碑上。尽管受命平叛，但王阳明却十分同情因生活无奈被逼上"梁山"的穷苦百姓，所以他采取安抚的方式平息各地之乱，得到当时百姓的拥戴，也得到了历史的高度评价。

1930年，近代著名海军将领萨镇冰在适中赈灾期间，设宴邀请适中所有士人集中唱和，有提倡文学、尊贤重士、奖励后起的意义，并将答和诗篇编辑油印成册分发各人。此举，确系适中文化史上仅见。他有诗如下：

奔波无已度余年，不尽春光过眼前。
几次升沉浑似梦，四方结交岂非缘。
出游追问路千里，感赋曾成诗百篇。
雅士相逢还惜别，停骖不忍动归鞭。

当时适中文人和诗甚多。可惜年久失散，今仅存林维周和诗一首：

学砚荒来数十年，续貂恐笑大方前。
诗裁夜雨添新兴，结社香山却俗缘。
画壁旗亭争压卷，词坛树帜快连篇。
春风满座联吟罢，恨我无因与执鞭。

循着历代文化名人的足迹，适中先民从他们的事迹和信仰中汲取智慧与力量。自朱熹提议的文明塔和魁楼建好后，适中果真人才辈出：明清时期当地共出了8位进士，其中以钦点翰林谢若潮最为有名；"神

"童"林希尹三岁就能文善对,七岁已能作诗填词;谢廷纲、谢廷亨、谢廷瑚、谢廷经四兄弟先后中举,朝廷特赐"四子登科"牌匾,谢朝栋、谢廷瑜父子先后中举,朝廷特赐"父子登科";谢华安因培育出"汕优63"而被称为新中国"杂交水稻之母";地质学家谢华光1990年参加南极科考;已故书法家谢澄光于1999年被评为"99中国百杰书法家"……先有前辈显风流,后有今人展风采,适中果然是人文之地也。而另一方面,自朱熹倡学后,适中学风更甚,书院亦与日俱增,大中书院、复性书院、崇文书院等先后拔地而起,家族式书斋亦如雨后春笋般林立于各家族,如一方居、如斯斋、谦谦等书斋,成为适中家庭教育的良好书堂。良好的"公学"——书院与家庭教育基地——书斋相结合,既造就了无数的一时俊杰,也将崇文的精神代代相传。

北人南迁带来的中原文化,和当地原土著民族文化的碰撞、融汇、发展,再加上适中地处客家文化和闽南文化的交接边界,给今日的适中留下了极为丰富、深厚的人文积淀,这就为适中盂兰盆盛会的产生与发展提供了深厚土壤,并历经八百年而不衰。经过几个世纪的发展,适中形成了悠久、独特文化:盂兰盆盛会文化、独特的方形土楼旅游文化、与闽西中央苏区同为一体的红色文化、农事人文与民俗风情等传统文化,获得了许多专家学者的认可和肯定。2003年1月8日,适中镇被确认为"福建省第二批省级历史文化名镇",镇政府所在地中心村2010年7月22日被国家住建部、国家文物局评为第"五批中国历史文化名村"。独特的适中盂兰盆盛会,2005年11月被福建省列为"省级非物质文化遗产代表作"。

适中镇中心村的"中国历史文化名村"牌匾

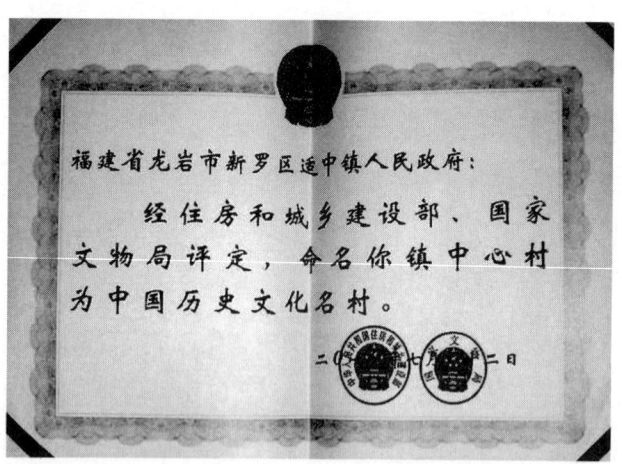

适中镇中心村的"中国历史文化名村"证书

5 与适中盂兰盆盛会息息相关的适中古迹

历史悠久、人文鼎盛的适中,迄今保留着不少极具研究价值的历史古迹,如土楼群、魁楼、文明塔、丞相垒,其中土楼群为当地民居,不少土楼当时正是联办适中盂兰盆盛会之四大姓的生活场所;而魁楼和文明塔之所以兴建,则和联办适中盂兰盆盛会的倡议人朱熹有关;而丞相垒则体现了另外一层含义。前文有言适中盂兰盆盛会的主祀神被尊称为"正顺圣王",那么他的真身又是谁呢?学者们研究得出的结论有好几种,但当地百姓则普遍认为是东晋民族英雄谢安,适中先民将民族主义、爱国主义精神融入民俗活动中,谢安的地位甚至超过了其他佛、道诸神,可见适中先民对民族气节之推崇。而留下丞相垒迹的文天祥不正是在宋元之际力保汉室江山之抗元英雄?适中的这些古迹,与盂兰盆盛会交相呼应,更为其注入了浓厚的文化因素,同时也是适中地理、历史、人文环境的佐证与物化体现。

土楼群

适中土楼群被上海同济大学古建筑专家路秉杰教授称赞:"这样的建筑堪称民族民居瑰宝,这样的景观,举世无双。一座土楼,就犹如一件精品,一座艺术殿堂,浮现着精湛建筑艺术和丰富文化内涵的光华。"

方形是适中土楼的最大存在特色。适中土楼群是一个庞大的整体建筑群,有正方形、长方形、多边形、方圆混合形四大类。村落中楼楼相套、楼厝相通,或楼包厝、厝包楼;楼中有楼,厝中有楼,形如城郭,雄伟壮观。楼厝无论里低外高抑或里高外低,均错落有致;楼内设厅堂(或学堂)、卧室、仓库、水井、花庭敞轩、酒楼歌榭,可谓一应俱全;天井、门窗、走廊科学组合;土楼人家居住其中,冬暖夏凉。方楼的科学性与适用性,在世界民居建筑艺术中是一种独特、神奇的创造。

方楼之内,凡壁有画,是木即雕,还有楹联、书法等不少艺术珍品,俯首抬头间都可见及,文化内涵十分丰富。最具有代表性的是瑞云楼和善成楼:瑞云楼是仿宫殿式建筑之典型,屋脊飞檐叠墙,浮雕宏伟壮观,有如楼中之阁,庄严古朴,典雅堂皇,布局科学,享有"十八厅楼"之美誉;善成楼占地极大,历经8年始建成,布局完整,功能齐全,因至今还有人居住,保存尚好,主体建筑基本完整,墙体结构基本完好,木构架未见严重损坏。适中土楼内各厅作用各有讲究,处处凝聚着福佬人(中原南迁汉人的一支,方言属闽南语系)的文化意识、伦理道德、宗法观念等中原遗风;乡土气息浓郁的民俗风情,也处处展现出福佬文化的风采。适中土楼群是一笔不可多得的文化遗产,是中国古民居建筑的绚丽瑰宝。

瑞云楼

瑞云楼又名典常楼，位于中心村墩古，乃联办适中盂兰盆盛会四大姓之一谢姓民居。该楼建于清乾隆四十九年（1784），是福建土楼中最完善、最华丽的建筑之一，堪称"楼王"。瑞云楼为内包外联式四层方形土楼，占地2800多平方米，总平面呈长方形，分前楼、主楼两部分，建筑面积2526.71平方米。楼中设上、中、下三堂，中堂为过厅式酒楼，中轴线上的三堂屋形成一个独立的整体，是公共活动的场所。两侧以门联系，中堂前后环以廊屋，形成前大后小、前方后扁的小庭院。中堂二侧院中，置纵、横的厨房小屋，分隔成两纵四横的小庭院，是各户生活的小天地，每院中心各设水井一眼，共六眼。主楼内设楼梯六部，可通四层，每层均有木质通廊相通。主楼共有房间125间。巧妙的设计，体现大局中有小局，充分考虑各户差异需求。2006年6月被国务院公布为"第六批全国重点文物保护单位"。

古丰楼

古丰楼又名古峰楼，位于中心村墩古，漳龙公路西侧，原为蔡氏民居，后为陈小十所购，是一座和适中盂兰盆盛会紧密相连的建筑。据龙岩市新罗区小池镇南山村《南山陈氏族谱》载，古丰楼为陈元光第十三代裔孙陈小十（字古峰）在适中开基时向蔡氏购买宅基兴建，并以陈小十的字命名。经路秉杰教授调查考证，该楼建造时间为南宋建炎二年（1128），是福建现存最古老的土楼之一。总平面呈正方形，为空井式生土夯筑四层方围土楼，坐东朝西。主楼面阔31.8米，进深29.62米，高13.50米，占地面积941.69平方米，共有房间54个。主楼承重墙用生黄土夯筑，外墙厚1.30～1.50米，内墙厚0.75米。本土谚语"讥人不懂羞耻"，就是说他脸皮"比古楼墙还厚"。古丰楼是研究土楼建筑史、了解适中人居源流的活化石。

庆云楼

庆云楼位于适中仁和村保太，亦为谢姓民居。坐北朝南，分前、后楼和两厢楼，占地面积1702.26平方米，楼外墙厚1.35米，内墙厚0.75米，楼高17.80米，为区内最高土楼。每层内四周均有回廊相通，有楼梯四部，有大小房间110间。其特色在于其四角顶层有悬挑一米多的类似阳台的角楼。该楼由谢氏四兄弟于清康熙十一年（1672）建成，是福建现存最高、最完整的五层方形土楼。

其他历史古迹

魁楼

魁楼坐落在适中中学大门内，是座塔阁式的古建筑，是适中人为标榜学生弟子考试晋中举人、进士而象征"魁星"的纪念场所。始建于南宋光宗年间（1190～1194），另有一说为南宋高宗年间（1127～1162）所建。

相传适中早就建有修来堂。绍熙元年（1190），时任漳州知府的朱熹曾来适中讲学考察，对适中崇文重教的风习民俗十分赞赏，并广为宣传。乡民根据他的建议，在修来堂左边修建奎楼一座。楼上祀奎星，叫奎楼，因奎星又称魁星，所以又叫魁楼。奎星原是中国古代天文学中二十八星宿之一，称为奎宿，后被称为主宰文章兴衰的神。最初在汉朝纬书《孝经援神契》中有"奎主文章"之说，后世遂建奎星阁以崇祀之。顾炎武《日知录·魁》：神像"不能像奎，而改奎为魁，又不能像魁，而取之字形，为鬼举厄而起其斗"。故魁星神像头部像鬼，一脚向后翘起，如"魁"字的大弯钩；一手捧斗，如"魁"字中间的"斗"字；一手执笔，意谓用笔点定中试人的姓名。

魁楼是文明的象征，所以乡民又叫它文明阁。魁楼与南面10公里外白叶山巅的文明塔遥遥相对。古时每逢节日的夜晚，魁楼和文明塔上都有专人管理，日夜燃灯，长明灯象征适中的昌明。魁楼阁里悬挂着两副对联，一联为：

斗转星移新气象；珠联璧合焕文章。

另一联为：

登楼来，白云钟鼓长塔熏风，
最好是，虎岭松涛龙埔夜月；
倚槛看，上方晴雪蔡坑春树，
又何如，屏山夕照柳驷晓烟。

此联全联44个字，作者别具匠心地用"登楼来、最好是、倚栏看、又何如"12个字，把"适中八景"——囊括其中。楹联平仄协调、对仗工整，充满诗情画意，有如把一幅赞美家乡环境优美、景色怡人的画图呈现在人们眼前。至于它的作者，众说纷纭，年代久远，无从稽考。

魁楼于1985年重新维修，现保存完好。

魁楼

文明塔

文明塔位于适中镇仁和、白叶两村交界处，仁和村南偏西约 1.8 公里处的荒塘坪山上，俗称长塔。

文明塔与魁楼同时建造，距今 800 多年。相传文明塔也是根据朱熹的提议建造的。他来适中考察和讲学时，认为适中小盆地像一艘大船，建造文明塔犹如船之竖立桅杆，"长风破浪会有时，直挂云帆济沧海"，象征适中是人才荟萃、乘风破浪的文明之乡。

原塔有 13 层，高约 40 米。塔呈八角形，空心砖木结构楼阁式，隔层拱门同位，塔檐砖垒叠五层，每层依次收分。原有木梯可至顶层，登上顶层可以鸟瞰适中全景。明代及 1958 年两次雷击后，塔顶部已倒塌，现存 9 层。其中 1～7 层为三合土夯筑，8 层以上为明代雷击倒塌后重修的砖墙体。塔底墙厚 1.65 米，塔底八角形外每边长 3.3 米，内每边长约 1.85 米，底层内径 4.95 米，塔底层高 3.3 米。塔身用石灰、黄土、砂混合而成的三合土夯筑而成。历经数百年的风吹雨打，塔内桁条、楼梯均已毁坏。塔底有门洞 2 个，其中朝西南方向的 1 个已封死。门宽 80 厘米，正门拱顶有块阴刻正楷"文明塔"的长方形碑。

今以罗盘验之，文明塔的塔门与魁楼楼门连成直线，方向不偏不倚。

丞相垒

丞相垒位于适中镇南部的倒岭坳，系龙岩通往南靖之咽喉，山势盘曲峻绝，历来是兵家必防、必守、必争之地，距离适中镇街道 6 公里左右。

南宋景炎二年（1277），右丞相文天祥护送皇室南迁，途经适中适逢"国母"临盆，便在倒岭坳的有利地带构筑堡垒。明万历十年（1582），为纪念文天祥英勇就义 300 周年，时任龙岩知县曹胤儒、教谕罗彦霄、县丞陈守化和典史李铨等，在当年文天祥扎营的遗址上建立云山亭，并树立三块石碑。中间主碑高约 3 米，宽约 1.2 米，厚约 0.15 米，上面正楷书竖写阴刻的碑文："大明万历十年太岁在壬午秋七月上弦之吉，皇明赐谥忠烈故宋少保右丞相信国公文山文公天祥举义驻师故垒。知县曹胤儒等立。"正碑左右各竖有一块小石碑，阴刻竖写草体诗词。左碑刻有《题文天祥驻师故垒》一文，由于年代久远，字迹模糊，难以辨认；右碑刻有曾任明朝知府的文人吴之望所书《过信国公屯兵垒》。据史料记载，原来纪念亭的两边墙上，写有适中文人撰写的古诗多首，这些诗词表达了适中人民对文天祥的崇敬和怀念。随着岁月流逝，几经沧桑，纪念亭年久失修，片瓦无存，墙上的题诗也荡然无存，新中国成立时，仅剩高大的石碑，孤零零地竖立在荒烟蔓草之中，满目凄凉。1982年,时龙岩市人民政府将倒岭坳驻师故垒列为"市级文物保护单位",并由市、乡两级拨出专款,于1988年9月修建碑亭。

重新修建的纪念亭仍在原址,为方形,红柱白墙青瓦,屋脊上中竖一葫芦,对向两条青龙,张牙舞爪,栩栩如生。亭中三块古碑依壁而立,梁上一匾额,上书"丞相垒"三个镏金大字,为书法家谢澄光所书(适中镇中溪村人)。亭内有四根朱红圆柱,碑前两根画有盘龙卷画。著名书法家陈奋武写的取自文天祥《过零丁洋》中的诗句"人生自古谁无死,留取丹心照汗青"作为对联,悬挂在亭前两根柱上,显得格外肃穆、庄严。

纪念亭依山傍水,群山环抱,云烟袅袅。左边一道溪流,宛如玉带,潺潺水声,清脆悦耳;右边群山逶迤,浓树绿荫,风起云过,鸟语婉转。亭前远眺,峰峦起伏,云海苍茫,令人感慨万分。文天祥力图恢复宋室的壮志,虽然没有得到实现,但他那坚贞不屈的爱国精神,不畏强暴的浩然正气,正如林希尹所咏:"万古人间留壮烈,百年溪水泣英雄。"人们不会忘记这位气壮山河的抗元英雄,而丞相垒将永远成为人们凭吊和瞻仰的历史遗迹。文天祥驻兵适中,时日虽短,但其一腔忠烈气,不但常共碧空暮云,也让一代代的适中人从其身上汲取力量与信仰。

二 盂兰盆节

1 盂兰盆与宗教

盂兰盆（为梵文 Ullambana 音译）会，也称盂兰盆斋、盂兰盆供。其来源于佛教习俗，比道教的中元节活动要早，我国从南北朝时期的梁代开始仿行。"盂兰"是梵语音译，意为救倒悬；"盆"是汉语，是盛供品的器皿，言此器皿可以解先亡倒悬之苦。因此，盂兰盆会实际是个孝亲节，依据佛经中的《盂兰盆经》而举行仪式，始于梁武帝。自那以后，成为风俗，历代帝王以及民间无不举行盂兰盆会，以报祖德。

盂兰盆斋也与"目连救母"的传说有关。《盂兰盆经》记载："有目连僧者，法力宏大。其母堕落饿鬼道中，食物入口，即化为烈焰，饥苦太甚。目连无法解救母厄，于是求教于佛，为说盂兰盆经，教于七月十五日作盂兰盆以救其母。"据说目连在地府目睹先母受难，却困于自己功业不够，遂求助佛祖，佛祖感其孝心，授其《盂兰盆经》，并要他在农历的七月十五日做盂兰盆斋，备百味饮食以及桃、李、杏、栗、枣五果，供养十方僧众。目连依示而行，其母终得解脱，后目连向佛祖进言，年年举办施食会，以解那些孤魂饿鬼倒悬之厄运。佛祖便将七月十五的施食会命名为"盂兰盆会"，令各佛寺进行佛事活动。寺庙里的僧人和善男信女们在这一天举行佛事，不仅仅是祭祀死去的亲人，也是纪念目连，借以表彰他对母亲之孝道，并劝人尽孝。

佛教将每年的农历七月十五定为盂兰盆会，而道教将其称为"中元节"。中元节与上元节（正月十五）和下元节（十月十五），并称中国岁时节令中的"三元"，均为我国古老的传统节日。据《唐六典》称，道士有"三元斋"："正月十五日天官为上元，七月十五日地官为中元，十月十五日水官为下元。"天官、地官、水官是道教三神。中元地官清虚大帝于七月十五时普度孤魂野鬼，有罪的人也可向其祈求赦罪。《修行记》云："中元日，地官降下，定人间善恶，道士于是夜诵经，饿节囚徒亦得解脱。"中元节时，道教宫观举行"中元斋醮"，俗称"道场"，为民众祈福。

2　盂兰盆与民间风俗

在民间，汉民族自古就有迎四时之气的风俗，先秦时就有"迎秋于西郊"的记载。郑玄解为："迎秋者，祭白帝白招拒于西郊之兆也。"所谓白帝即是秋神，主杀伐，为死神。汉族又有四时荐享祖先、秋尝之祭的风俗，此俗一直传至近代。先秦楚文化中，春、秋二祭是鬼神之祭的最重要时间，迎秋、秋尝与秋祭之俗逐渐在民间形成了七月为神鬼之月的俗信。在汉民族传统的阴阳五行观念中，春、夏、秋、冬分别为少阳、太阳、少阴、太阴。寒季是阴，暑季是阳；北是阴，南是阳。纯阴之鬼与冬、寒、北之阴相对应。五行之水气开始显现的时间正是七月。水气于七月开始活跃，十一月达极盛，第二年三月消亡。相应地，纯阴之鬼正是从七月开始活跃，十一月达极盛，次年三月沉寂。反应在民俗上即是三大鬼节的出现：七月鬼节、十一月寒衣节、次年三月清明节。故俗语云："三月七月鬼旺月。"民间认为，整个七月为鬼月，初一鬼门开，十五鬼门关。民间以路边点火、河中放灯、提供鞋子等办法，满足鬼出门活动的需要，以免它们无法出行而在原地为非作歹，点灯引路等办法更是希望野鬼能够"远走他乡"。同时，祭祀祖先也就可不必上墓，只要把祖先的鬼魂"接"到后代子孙的家中，祖先之灵便可饱餐祭品。七月十五在老百姓口中有几种不同的叫法——"七月半""鬼节""普度"（有些地区，尤以华南为十三或十四，相传因宋末蒙古人入侵某地，居民为逃难而提早过节）。民间之所以叫"鬼节"，是为了表达人们对逝去亲人的追思。七月十五的习俗，剔除掉其中的迷信色彩，会发现其中包含了中华民族的传统美德——孝道。"人生百善孝为先"，孝是善心、良心和爱心的体现，无论是对尚健在的长辈，还是已逝的亲人，不忘孝道，这才是"中元节"的现实意义。

七月祀鬼之俗演变成民间的鬼节，道教文化与佛教文化起到了重要的作用。民间的鬼月俗信与中元节、盂兰盆节之间，在精神实质上出现了惊人的相通之处：皆以奉亲、敬养、普度为主题，佛教盂兰盆会、道教中元节与华夏民间文化礼俗的一致，使它们迅即得到广泛认同；两者皆指向七月十五，又使民间的鬼月有了成为节日的重要时间契机；节日的确立需要确定一个固定的节期和拥有它特有的节俗，佛、道两教一同确定了七月鬼节的固定节期，佛教盂兰盆会、道教中元节的打醮等仪式活动又成了这一鬼节特有节俗的组成部分，同时由于道教是完全的本土宗教，"中元"这一名词也为民间接受，成为这一节日通行的称呼。

华夏文化对民间信仰有强大的同化作用，不论是本土的道教还是传自印度的佛教，都在不知不觉中完成了与本土文化融合的过程。佛教与道教在七月十五的仪式逐渐世俗化，与民间的鬼月俗信和风物渐渐难分难解。从此，中元节成为一个内涵丰富的祭亡、祀鬼、解难、赦罪的盛大的华夏民俗节日。

三 白云千载盂兰盆

1 适中盂兰盆盛会的缘起

相传,适中盂兰盆盛会能脱胎于盂兰盆会而成为盛会,与中国历史上的一位名人有关。这位名人就是一代理学大师——朱熹。

朱熹(1130～1200),字元晦,一字仲晦,号晦庵,晚称晦翁,谥文,世称朱文公。祖籍徽州府婺源县(今江西省婺源县),出生于南剑州尤溪(今属福建省尤溪县),宋朝著名思想家、哲学家,闽学派的代表人物,儒学集大成者,世尊称为朱子。朱熹是唯一非孔子亲传弟子而享祀孔庙、位列大成殿十二哲者中,受儒教祭祀的学者。朱熹是"二程"(程颢、程颐)的三传弟子李侗的学生。其学派与二程合称"程朱学派"。朱熹的理学思想对元、明、清三朝影响很大,成为三朝的官方哲学。朱熹十九岁考中进士,曾任江西南康、福建漳州知府、浙东巡抚等职,做官清正有为,振举书院建设。官拜焕章阁侍制兼侍讲,为宋宁宗皇帝讲学。朱熹著述甚多,有《四书章句集注》《太极图说解》《通书解说》《周易读本》《楚辞集注》等,后人辑有《朱子大全》《朱子集语象》等。其中《四书章句集注》成为明清钦定的教科书和科举考试的标准。

相传,宋绍熙元年(1190),时任漳州知府的朱熹应龙岩县令邀请到龙岩讲学，途经上坪时仔细考察了适中的地理、人文环境（谢财万先生等人认为是1182年，但综合各种史料，根据朱熹为官履历，1182年时，朱熹应在江西南康任知府，朱熹出任漳州知府时间为1190～1191年，在此期间曾巡视龙岩并作《龙岩县劝谕榜》），一番深思后，他召集各姓族长提出几项建议，大意是：

第一，根据适中小盆地像一艘大船的地理形势，他建议在修来堂一侧建一座文明阁（又称魁楼），在仁和、白叶两村交界处建一座文明塔，与文明阁遥相呼应，犹如在这艘大船上竖立了一根桅杆，上坪这艘大船将会"长风破浪会有时，直挂云帆济沧海"，有助于适中的文明昌盛（据传现镶于塔中的"文明塔"三字，就是朱熹所书）。

第二，为加强族姓间的团结，以白云堂为主道场，各姓联合举办盂兰盆盛会。

第三，上坪东面的上方山高峻险恶，他认为对上坪不利。于是建议各姓族长在举办盂兰盆盛会时，制作八台模拟上方山的彩台，与上方山形成对峙格局，以祈化凶为吉。彩台用木材建造，俗称大台戏或桌仔戏。

各姓族长遂根据朱熹的建议，于1214年之前建好了魁楼和文明塔，后于南宋嘉定年间（1214～1216）开始联合举办首届盂兰盆盛会。民间流传的一副对联，聊可作证：

1946年大台戏

阳春令节,历宋元明清四朝四姓四民齐庆祝;
高歌报赛,合陈林赖谢十年十月十日共欢迎。

2014年石桥头大台戏

2 适中盂兰盆盛会的主要特点

适中盂兰盆盛会较之于一般的盂兰盆会主要有五个特点：

第一，活动时间上，一般的盂兰盆会仅在每年七月十五这一天请和尚念经诵佛，而适中盂兰盆盛会则是逢干支甲、乙、丙年举行，即十年三次，时间不在七月，而是十月。为何选在十月举行？是因为到了这个时候，全年的农事基本结束，一年的辛苦有了结果，一年的期盼有了收获，而对来年的农事和生活又充满着新的期盼，这正是举行民俗活动，庆祝丰收、展望未来的最好时节。每逢盛会，不但要请和尚做佛事，还要请道士打清醮。每逢天干甲年做十五天道场，乙年打十五天清醮，丙年做十九天普度，三年共四十九天（俗称"十月半"）。而十年三次则是因为先民们因劳作过于劳累，喜庆的活动过于贫乏，一年的庆典活动不足以满足乡民的文化活动需求，而每年都举办这样大规模的庆典活动又耗资过多。于是逐渐形成十年三庆的活动模式。

第二，一般的盂兰盆会由佛教寺院的僧侣主持，而适中盂兰盆盛会则由当地乡族组织"四姓七团"推举"缘首"来主持。"缘首"由乡民公选之后，经过拜佛抽签由佛意最后决定。何谓"四姓七团"？四姓者，适中镇陈、林、赖、谢四大姓也；七团者，四姓中陈家隆户、

陈、林、赖、谢"四姓七团"队

理事会成员、缘首队伍

林芳高户、赖朝恩户、赖万良户、赖明高户、谢阳高户、谢阳明户等七个户头主持操办盂兰盆盛会事务者,又称之为"七团理事"。

第三,一般的盂兰盆会是为了救祖先倒悬之苦,而适中盂兰盆盛会则是以"祀佛佑、祈岁熟、报亲恩"为目的,融入了祈盼五谷丰登、家国安宁的农耕崇拜和纪念谢安的心灵追求。

第四,适中盂兰盆盛会供奉一位各姓氏共同尊崇的主神——"正顺圣王"。"正顺圣王"成为乡民们拥戴的适中盂兰盆盛会的最高主宰，这是其他地方的盂兰盆会所没有的。"正顺圣王"者，何人也？当地相传其为东晋淝水之战的民族英雄谢安。此外亦有不同观点认为，"正顺圣王"当为北宋神宗钦点状元黄裳之弟子谢佑；还有一种观点则认为，"正顺圣王"是适中先民一种共同的精神化身，而非真实历史人物。

第五，适中历来属多族姓聚居的地方，为解决族姓之间或本族内部民众经常发生的矛盾和纠纷，适中盂兰盆盛会特别规定："圣王公"（即"正顺圣王"）到各姓行台出巡的队伍中，有数名头戴无箬高筒笠、手持木棍的随班乞丐，他们可以对不守规矩、不尽孝道、为非作歹者进行惩罚和鞭挞，受罚者还不能还手。(故适中镇有"乞丐也有三年好运"的俗语。)同时，按照适中的"乡规民约"，凡有过节、闹矛盾的乡民，在盛会期间，双方必须主动设素席，宴请对方到家中聚会，相互赔礼道歉、自我检讨、摒弃前嫌、重归于好，从此团结和睦。这也是其他地方的盂兰盆会所没有的。

"圣王公"銮驾出巡队

3　适中盂兰盆盛会融合佛、道、儒三教

有人说，中国文化的一大特色就是兼容并包，即便如满天神祇，在中国的传说中也能互相交融，最为典型的莫过于《封神演义》中阐教（属道教）十二金仙之文殊广法天尊、普贤真人、慈航道人摇身一变成为佛门三大菩萨。当然，传说归传说，但中国人善于融合诸文化的传统可见一斑。在适中，先民们早已把佛教、儒教、道教的优秀文化融为一体。他们不但信奉佛教，也信奉儒教、道教。全境庙宇殿堂70多座，供奉的既有三宝、三贤、观音菩萨、定光古佛、目连、地藏等佛像，也有如天后妈祖娘娘、伏虎禅师、陈真祖师、五显大帝、民主公王、蛇岳龙王、关圣大帝、文昌帝君等神像。对他们而言，哪路神仙管用，就把哪路神仙请到庙宇来"合署办公"，祈求诸佛尊神的保佑。这既是一种功利现实主义，又是一种毫无门户之见的、追求朴素的和谐共处的观念。

适中庙宇的冠名，大体为"寺""庙""堂""宫""庵"，如香火较为旺盛的上方寺、龙华山寺、清凉山寺、隆兴寺等供奉的是佛像，念的是佛经，供的是素品，吃的是素食。佛教文化经过几千年来的演变与发展，已成为中华优秀传统文化的重要组成部分。佛教在指

导人生、改进人生、净化人生方面，有着强大的教化功能，对一切众生均大慈大悲，以善心、善念、善行对待一切众生。香火较为旺盛的"堂"，如白云堂、隆兴堂等，既有佛像，也有神像，既供素品，也供奉"三牲五荤"，荤素不忌。每届适中盂兰盆盛会主道场白云堂的佛像、神像多达一百多尊。农历十月初一日，理事挑"鸭公"到白云堂内祭拜和进餐，初二日，理事们才戒斋食素，至十五、十六日又在堂内杀猪、宰鸡、宰鸭，大摆"谢收"酒宴，盛请本届盛会的头家总理、各行台理事、社会名流和工作人员。各地的"堂""宫"也多将佛像、神祇齐聚一堂供奉，每年都请道士打醮施法，供品有荤有素，百无禁忌。

适中民众将佛教的"善心、善念、善行"与儒家所倡导的"忠、孝、仁、义、礼、智、信"的思想理念、道教的民间礼俗文化相融在一起，形成了"三教合一"的特色，这一点从适中盂兰盆盛会举办的过程中可以窥见。

4 适中盂兰盆盛会的基本内容

关于适中盂兰盆盛会,有一首祈祷歌,其歌词原创作于明代,于清朝修订,全文如下:

> 诸山怀抱白云堂,古木森罗壮一方,
> 位镇南离钟地脉,大云宝殿尽辉煌;
> 东宫永对西宫殿,佛力频临圣有光,
> 合社人民同奉祀,炉烟散入万家香;
> 下元齐庆兰盆社,白叟黄童共菽浆,
> 彩阁烟花连昼夜,旌旗歌舞大文章;
> 诚心弟子来朝拜,手把金钱献圣王,
> 追念双亲生育我,劬劳顾复泽无量;
> 多般辛苦凭何报,唯愿高堂寿且康,
> 劝我同人行孝顺,夔夔斋栗莫相忘;
> 诚心弟子来朝拜,手把金钱献圣王,
> 王政足民推首重,五风十雨以为常;
> 田畴高下都丰稔,咸咏千仓与万箱,
> 供奉不曾亏俯仰,四时门内乐无疆;

诚心弟子更朝拜，手把金钱献圣王，
敬祷诸神同鉴格，四时呵护我坪乡；
民安物阜淳风播，富贵荣华姓字扬，
岁岁门庭驱百祟，家家男妇纳千祥；
七团斋戒诚祈祷，十月殷勤献酒浆，
从此神灵愈显赫，恩波广播永流芳。

筹办适中盂兰盆盛会的基本内容，包括制定庆典活动项目、筹措庆典活动经费、组织实施活动方案，按部就班、各负其责，确保庆典活动的顺利举行。

每届盛会之前，必须由当地乡族组织"四姓七团"推举的缘首，在盛会即将举办的第一年负责对白云堂进行维修葺新，认真做好盛会的各项准备工作。

盛会期间，在"四姓七团"中安排佛寮活动点：陈、赖二姓为一个点，名为黄田行台；林姓一个点，冠为石桥行台，附设马佛山小行台；谢姓两个点，分为阳明、阳高二户，即水尾、新安行台，谢姓又另外附设土城活动点；此外又分别在上赖、保太、蓝田等处设活动点，以保证盛会的活动到达每个村落，形成万民参与庆典的壮观场面。

盛会始终以虔诚奉祀"正顺圣王"为主题。九月最末一夕，在保丰村谢氏上祖的万公祠排戏试演，俗称"万公试粉"。十月初一当事人挑"鸭公"诸供品入白云堂，初二建醮程序全面铺开，七团理事、香丁、香父、香尊等人，每日必到白云堂列班祈颂。庵内自是日夜灯烛辉煌，香烟缭绕，弦歌并起，钟鼓齐鸣，肃穆庄严。庵外广场则日夜锣鼓喧天，惊天动地；联台对戏，载歌载舞；人山人海，欢彻霄汉，一直延续到十月初九。初六起全乡斋戒直至十六，不准杀牲，以吃斋为主,以显虔诚,同时也图节俭。

十月初十"圣王公出巡"。出巡顺序为:头铳,二锣,三高丁,四彩旗,五龙伞,六"肃静""回避"牌匾,接下来的是香亭,拳头,巴掌,銮驾,木莲,地铳,捧护,捧灯,"圣王公"香父、香尊、道士,最后是押尾旗。出巡队伍多达800余人,气势磅礴。队伍自庵出发,主要途经:初十早晨上赖点,赖姓东道主,中午水尾点,谢姓阳明户东道主;十一至十三新安点,谢姓阳高户东道主;十四日石桥点,林姓东道主;十五日黄田点,陈、赖两姓联为东道主。至此,"圣王公出巡"结束。各大行台一般至多只有一天的热闹,唯新安点有三天的热闹。"圣王公出巡"将盛会推向高潮,家家户户摆香案、供斋果,一俟迎神队伍路过,便焚香、点烛、烧纸、鸣炮,善男信女叩头礼拜。沿途香烟袅袅,炮仗如雷,观者云集,盛况空前。

出巡仪队起动时,三响冲天铳领先鸣响,四面金字大黄旗挂着四面大铜锣,鸣锣开道。两对高高支起的大勾灯和一对标志着"四姓七

鸣炮开道

腰鼓编队

团"总领队的冲天大红条幅旗紧随锣后。一副"肃静""回避"、四扇"鉴拜圣王"牌匾与龙头巴掌、三副木銮驾之后，便是一座四抬香亭，檀烟袅袅，一路留香。道士随班，披红着皂，口押巫咒，脚踏罡步，圆钹锵锵。接下来便是"四姓七团"队列，每队一对黄旗锣，一副"虎滴嘟"（唢呐），一副"肃静""回避"，两对"鉴拜圣王"牌。两杆直条大红彩旗，烈烈迎风；一队唢呐，吹吹打打。跟在一排木銮驾之后的数十名歌童，伴随着"手把金钱献圣王"的阵阵歌声，把一沓沓的黄钱翩翩撒出，漫天飞舞。一姓一彩旗，一旗一长列；七班吹打，弦管悠扬；七班歌童，歌声嘹亮。四枝长幢幡，引领着目连、地藏神驾，十八对伴驾銮舆、金瓜银锤、拳头巴掌、斧钺矛戟等金光银闪的武器、十对身穿嵌着大红"勇"字黄背甲的卫士紧随其后。八名头戴无箬高筒笠、手持五尺长戒尺、经"七团"授权的乞丐，奉命在驾前充当"曹吏"，吆吆喝喝，维护秩序（这便是俗语"乞丐也有三年好运"的来历）。乞丐后面是四对身着长袍马褂、温文尔雅的乡绅，虔诚地捧着

竹马灯编队

各团锣鼓班

健身操编队

三 白云千载盂兰盆

四只锃亮的薰香炉,擎着四盏八面流苏的大红宫灯。在他们的簇拥下,八面威风的"圣王公"坐拥虎皮,撑着百叶遮阳黄龙伞启驾出巡!老香尊捧着香,紧随锣鼓管乐,一路欢歌。五彩缤纷的旌旗,遮天蔽日,擎天大黄龙巨幅三角红绸旗在队尾压阵。浩浩荡荡的声势,让人叹为观止!在出巡的路线中,凡看到出巡游行队伍的沿途群众,都要在自己的楼门前恭迎圣驾,摆上水果和俗称"糕"(用糯米磨粉,加上红、白粮组成的七层塔)的贡品,点上香、烛,燃放鞭炮,以示虔诚迎祭,祈祷国泰民安、风调雨顺、人寿年丰。

各点、行台搭设的佛寮,争奇斗艳,都有当代乡中名士的即景对联和诗词点缀其中,宛如一方文萃;阁外戏台,或紧锣密鼓,或轻歌曼舞,舞龙、舞狮、竹马灯、采茶灯、民间剧团演戏精彩纷呈,不分昼夜,男女共欢,老少同乐。其中,谢氏新安点最是古色古香,摆设的字画古董,多是珍品,"金碧装成,真是人间玉宇;丹青绘就,何殊天上瑶台"的五彩缤纷的牌楼令人赞叹不已。林氏石桥点则是装扮

踩街游行龙旗队

得奇奇巧巧,那多个龙门喷球的水阁,堪称一绝。因此,素有"新安牌楼、石桥水阁、水尾佛寮"之说。十五日下午"圣王公"起驾回庵。十五日夜白云堂"祭孤",普度孤魂野鬼,又是一番热闹,十六日全乡开荤。若是丙年,则多增加四天,延续到农历十月十九日,在白云堂举行主祭,和尚抛撒斋食,普度众生。至此,整个盛会圆满结束。此后需再过七年逢天干甲、乙、丙年再予筹办。

在整个活动中,大台戏更为适中盂兰盆盛会增添了一道靓丽的风景线。据传,设置大台戏也是朱熹所建议,目的是为了镇邪降妖、扬善驱恶。相传,在适中集镇的东面山上,有一座山叫上方山,其山面朝西的山谷平地,是适中四大姓氏人口相对集中的聚居地。由于该山顶峰乱石露面,似有邪恶之状,当时适中名人绅士为求适中人杰地灵,让适中文化昌明,风调雨顺,故借助于盂兰盆盛会大台戏的民俗活动,以求"地理转向",祈祷民众平安,迎来五谷丰登。

大台戏整个戏台的长度为3.6米,宽为2.4米,高为9米。大台戏的高度各年不同,甲年台高三丈,乙年台高二丈八尺,丙年台高一丈六尺。建台需直径26厘米的大杉木共九根,其中3.6米长的四根、3米长的四根、9米长的一根。整个台的平面为8.64平方米。在高度9米的大杉木上设一座假山模型,上置鹿与白鹤、灵芝、红花绿草、飘灯垂带,置8名姣童,饰将相佳人。在大台戏每个角置8人,四个角共置32人;每个角又置护手1人,共4人;大台戏的假山模型需8人支撑;另扶小孩力求台面平衡的约2人。总共需46人抬。尾年台高不上丈,置四堂为"桌子戏",不需46人抬,减为一半,即23人抬即可,姣童亦改为4名。

大台戏的制作相传亦为朱熹所授,每台要用46人扛抬,逢坡要支撑,过河要下水。大台戏的制作相传由萧姓木工师傅代代相传,其

圣王公出巡盛况

家族对支撑大台戏牵拉的绳索很有经验，所以每届活动中，大台戏随"圣王公"出巡时，都由萧姓师傅牵拉大台戏的绳索。以前大台戏过河时，扛抬大台戏的人要把草鞋脱掉，保丰村后间的人很勤劳，第一次为之收拾草鞋，从此便有了"老萧撑扭揪，后间担草鞋"的惯例。现在的大台戏已做了改装，安上了汽车轮子，用人力推着在国道上行走。

每逢盛会，"圣王公出巡"与大台戏及活铁龙、静板、竹马灯、鼓乐队等民俗文化踩街活动交相辉映，队伍可达2000人之多，整个活动场面颇为壮观。随着人们物质生活水平的提高和当地政府正确引导和参与的加强，近几届的适中盂兰盆盛会庆典活动的品位和档次越来越高，活动越办越好，更为广大乡民所喜爱，成为一道亮丽的风景线。

5 适中盂兰盆盛会主道场
——白云堂

白云堂，是适中盂兰盆盛会的主祭场所，位于适中镇中心村境内一座山麓之下，傍山错落，占地约1200平方米，是适中镇最大的"三教圣地"，也是适中盂兰盆盛会庆典活动的主道场。

关于白云堂建于何时有两种说法。一为陈氏的祭文所称，白云堂建于唐代，但无据可考。倘若属实，即表明适中的陈、林、赖、谢四大姓尚未迁居适中之前，白云堂也许已香火兴旺。白云堂是否是最早迁居到适中的严、王、筱、张四姓所建？不得而知。而另一种建于宋代的说法则更经得起考证。明万历戊午年（1618）的《皇明白云堂公田记》载："龙坪白云堂尚自宋嘉定间，选甲岁庸建兰盆会三载。"康熙辛亥年（1671）的《甲申班公田记》载："稽白云堂肇自大宋，祀佛报恩，遞建盂兰盛会。"道光《龙岩州志》亦云："白云堂，在适中驿后，建庵奉佛，始自宋时。旧俗逢甲、乙、丙阳月，乡人祈年报赛于此。历经千余年，相沿不改。"

白云堂始建于宋的说法，不但道出了白云堂的历史，也包含了首届适中盂兰盆盛会于南宋嘉定年间（当为1214年甲戌年、1215年乙亥年、1216年丙子年）举办的信息。那么适中盂兰盆盛会源始于1454年的说法又是怎么一回事？

据谢家族谱记载：明正统、景泰年间（1436～1453），陈、林、赖、谢四姓联合重建白云堂，并将其从现陵坑水库水圳上的原址迁至现址。据传，白云堂重建奠基时，一片祥云飘至地基上方，待地基砌好后，这片白云才逐渐散去，故取名为"白云堂"。白云堂的正殿不像其他寺庙一样称为"大雄宝殿"，而是名曰"大云宝殿"，此匾仍悬挂于正殿前方中间。

另据林氏《长林世谱》大事记载：明景泰年间(1450～1457)，适

白云堂牌楼

中陈、林、赖、谢四姓民众，在白云堂开始联合举办盂兰盆盛会（俗称"十月半"）。据此推算，四姓首届联办适中盂兰盆盛会即应在1454甲戌年、1455乙亥年、1456丙子年。从此，每逢天干甲、乙、丙三年的农历十月，陈、林、赖、谢四姓民众都以白云堂为主道场联办适中盂兰盆盛会。《长林世谱》大事记又载：1924年8月30日（农历八月初一日），赣军赖世璜部以民团攻打赣军为借口，对适中进行围剿，大肆烧毁民房，烧毁大小楼房28座，杀害十几人，民众两三千人无家可归。适中俗称这一灾难为"后甲子之灾"，其民众损失惨重，无力举办盂兰盆盛会。1954至1983年亦停办三届。

自南宋嘉定七年（1214）首届适中盂兰盆盛会举办，按十年为一届计，2014年这一届应该是第81届；自陈、林、赖、谢四姓于1454年首次联合举办适中盂兰盆盛会至今，也有560年之久，按十年为一届计，2014年也应该是第57届。

据传现存的白云堂，是清康熙年间，适中陈、林、赖、谢四姓再次联合兴建的宫殿式建筑。白云堂大门原有三副极为洒脱的对联，可惜作者无从考证。一联是：

松子凝甘露；钟声起白云。

还有一联是：

无上空门不二；三千世界长明。

又有长联一对是：

幻梦觉晨钟，即六道三途，竟归空相；
乘禅游般若，惟顿门了一，方悟无声。

现存的白云堂坐南朝北，分门楼、大云宝殿正殿、东宫、西宫四院，另有12间大小厢房。门楼到正殿只是几级阶梯。正殿祀三宝诸佛，东宫高耸，西宫优雅。中轴线上依次为前厅、天井、正殿。正殿面阔10米，进深12米，单檐歇山顶，抬梁木构架，高12米，正脊中有葫芦刹。大门口立石狮1对，右侧墙上有历代捐资碑3方，前厅、正殿各有碑文1块。

堂中奉祀神明很多，奉于大云宝殿者有三宝佛、玉皇上帝、陈真祖师、定光古佛、目连、地藏王、弥勒佛、神农、观音、龙王及圣王公等，奉于东宫者有十殿阎罗、花公花婆、马夫、文昌帝君等，奉于西宫者有十八罗汉等，其中大殿之三宝佛是本寺主神。白云堂中既祀奉佛、儒、道诸神，也祀奉地方性神祇（如陈真祖师），这种混杂合祀的情况，在明清时期的造神时代极为盛行，也是适中民间宗教寺庙的普遍现象。因为适中先民不仅敬奉儒学、信奉佛教，也信奉道教，把"佛教、儒教、道教"的精华融为一体，以祈求诸佛尊神同心合力的保佑。

《适中乡神名》载如下内容。

上坪保白云堂祀奉：

万代教主　释迦文佛　文殊普贤　定光古佛
伏虎能仁　弥勒尊佛　神农皇帝　陈真祖师

地藏目连　观音菩萨　五显大帝　仁主尊王
蛇岳灵王　鉴拜圣王　左坛祀奉　大觉世尊
元始天尊　金轮殿上　罗汉圣僧　释迦文佛
地藏目连　天曹斗府　法界万灵　阎罗天子
九殿冥君　花公花母　马大赦人　右堂祀奉
普陀山上　三宝诸佛　文殊普贤　观音菩萨
坚罗地神　海会圣贤　一十八尊　罗汉圣僧

20世纪50年代以来，白云堂屡遭破坏。1951年，白云堂内神像被搬到魁楼后的书院前全部烧毁。至1985年才得以重修，被毁佛像虽得以重塑，却比之前略有逊色；宏伟的宫殿式建筑，雕龙塑凤，仍然金碧辉煌，还有"诸山环抱白云堂，古木森罗壮一方"的景象。2006年11月，适中乡民自发集资，在319国道通往白云堂的入口处，兴建了一座三层雕龙画凤、富丽堂皇的牌楼。牌楼正面嵌入一副对联：

白云深处古刹威灵昭日月；圣地高天大堂雄伟壮山河。

每届适中盂兰盆盛会期间，作为主道场的白云堂便格外忙碌、热闹非凡。不过，适中盂兰盆盛会的主祀既不是本寺主神三宝佛，也不是端坐殿堂正中、身着黄袍的神农黄帝，而是安位于正殿西侧的"正顺圣王"。

每次盛会的前一年，白云堂都会被修葺一新，以虔诚奉祀"正顺圣王"。十月初六，"正顺圣王"被安位于正殿中间，名曰"过案"，开始"正式办公"。十月初九日至十五日，"正顺圣王"便每天早出晚归，出巡各姓行台（十三、十四分别留宿土城、礼佛山，未回庵），将盛会推向高潮。家家摆香案供斋果,一俟"正顺圣王"出巡路过,户户焚香点烛,烧纸鸣炮,善男信女叩头礼拜。沿途香烟袅袅,炮仗如雷,观者云集,盛况空前。每逢丙年,白云堂还要再热闹忙碌四天:十六日至十七日,请名寺高僧到白云堂普度;十八日,放生;十九日,请名寺高僧到白云堂"过十王",当晚为孤魂野鬼丢馒头、盐米,放河灯。

圣王銮驾安位于神殿正堂

四 适中盂兰盆盛会的行台

适中盂兰盆盛会还有一大特色，即"圣王公"出巡，自初十（2004年改为初九）起，"圣王公"出巡至各个活动点。这些轮流举办活动的地点，除一处称为"佛寮点"外，其余均称为"行台"。各行台都有其独具特色的场地布置和设施摆设。

1　水尾行台

水尾行台是适中盂兰盆盛会谢阳明户的庆祝点，设在水尾月半迎。水尾行台是"正顺圣王"首日出巡的歇息点。农历十月初十日，圣王公出白云堂，经上赖、上亲、龙埔等柳溪河西片的诸村落，约于午时（上午11时至下午1时）到达水尾行台，申时（下午3时至5时）返回白云堂。

水尾行台的活动与其他公团的活动相似，但行台的布置有所不同。本行台的建筑物分四部分。第一部分是以佛寮为主体的建筑群，依次是：佛寮，拜亭，前亭，东、西两厅；第二部分是花圃、水池等室外场景；第三部分是牌楼；第四部分即是戏台。

佛寮供奉的是"正顺圣王"的神位，神位两侧以铭语、条幅饰之，拜亭及佛寮主要是祭祀时用的，前亭则是装饰佛寮整体门面不可或缺的建筑，东、西厅设在佛寮前两侧，从佛寮的前半部直至前亭，总长12米，两厅各宽3.2米。在东、西两厅之间宽广的空地上，布满诗文书画，还设有一些动态艺术品，供游人观赏。这一建筑群用节日灯装饰轮廓，五彩灯光显示出一个灿烂的整体，颇为壮观。

室外场景以花木、山水为主，花是从村民家借来或到园林处租用，

水尾佛寮历史照片

水池是临时挖的，配以喷泉及动态游戏之类的观赏设施，体现出农村园林式的生活环境，很是怡人。

水尾行台的牌楼很有特色，用竹搭成，三门式，高达十米，三层仿琉璃的正檐，气势磅礴，两层横额大书"恭迎圣驾"和"水尾行台"。四柱内设灯光，把柱面的对联、花饰映射出来，夜晚特别好看。两边假坪上龙飞凤舞，更是栩栩如生。

牌楼外的空阔地可容纳数千人看戏。由于初十是"正顺圣王"首日出巡，也是适中盂兰盆盛会进入群众性活动的开始，当日到水尾行台的游人常达万人之众。水尾行台在此空阔地搭设两个戏台，请来两个戏班，同场演出。看戏的人虽多，但历来秩序井然。观众不得撑伞、不得站在椅子上。封建社会时期，男女还得分开看，不得混在一起。由于两个戏班同场演出，为吸引观众，演员们也互相竞技，打擂台，大家都拿出看家本领，以博观众好评。

水尾行台真正的活动日是十月初九至十一。十月十三活动重心转往新安行台。随着活动重心的转移，水尾行台当年的使命也宣告完成，但它的特色却永留游人的心中。

在水尾，尚有一处与"圣王公"出巡有关的古建筑，"圣王公"巡至此处必绕该建筑四周急转三圈。该建筑名唤隆兴堂，堂内保存有石碑一块，碑上刻有清乾隆五十六年（1791）隆兴堂重修时之碑文，距今已二百多年。碑文中记载了隆兴堂兴建的资金来源："广生公充佛银壹百大员正、阳周公遗下柳坪公充佛银贰十大员正、春波公遗下福户充佛银叁十大员正。"

隆兴堂兴建的时间虽无记载，但可从碑文中推测大概，岩坪谢氏族谱载："九世祖尚训，字柳坪，系祖富公三子。"柳坪公生于明嘉靖二十年（1541），卒于明万历四十年（1612），从其生卒年推算，柳坪公有钱来充佛银建庙应该是在他30至40岁这段时间，即明隆庆四年至万历八年（1570~1580）；岩坪谢氏六世祖广生公生于明永乐六年（1408），卒于明成化二十三年（1487），兴建隆兴堂时，广生公已不在人世，这佛银当是广生公传下的第九世裔孙乐充兴建的；而春波公是岩坪谢氏第七世祖阳龄公的儿子，他遗下的福户也应是岩坪谢氏第九世裔孙。从以上资料推算，隆兴堂应当兴建于明万历年间，距今约440年。

旧隆兴堂供奉的是三宝佛和陈真祖师，堂中佛道诸神与地方性神祇混杂合祀的情况乃是明清时期福建民间宗教的普遍现象。

水尾行台历来闻名遐迩，2014年适中盂兰盆盛会举办前，如何传承和发扬岩坪谢氏阳明户水尾行台的优良传统成了摆在全体宗亲面前的一件大事。

水尾行台理事会于2013年农历十月前，多次召开阳明户各房代表会议，讨论研究水尾行台筹建事宜。鉴于适中历届盂兰盆盛会水尾行台均用竹木搭建，既耗巨资又费劳力，使用的时间又短暂，造成资金、

水尾旧隆兴堂

人力的浪费；又因先祖兴建的"隆兴堂·清风阁"年代久远、殿小堂窄、梁枯瓦破，亟待重建，各房代表一致决定新建一座永久性、雄伟壮观的水尾行台和隆兴堂。这样，既解决今后每届搭建水尾行台的费用，又能重建隆兴堂。一次投资，两全其美，千秋受益，何乐而不为？此决定在当时得到了阳明户众裔孙的赞同和支持。

岩坪谢氏阳明户成立了以中共十八大代表、中国科学院谢华安院士为理事长，谢庆明、谢纯彬为副理事长的水尾行台筹建理事会。同时，还拜请隆兴堂诸神佛，获神明上签以成立理事会和拆旧重建，遂于2013年农历十月二十五日破土动工。在谢华安院士带动下，重建得到了岩坪谢氏宗亲和社会各界热心人士的鼎力支持，大家纷纷慷慨解囊、乐捐善款，为重建工程提供了大笔资金。

一年的筹建、精心的施工，完成了佛寮的征地、"三通一平"

和"隆兴堂·清风阁"的拆迁；紧接着完成了水尾行台石牌楼的安装和"公王"的神龛。新建的"隆兴堂·清风阁"于2014年农历七月初十日举行了"封顶大吉"。2014年农历闰九月底，富丽堂皇、雕龙塑凤的"隆兴堂·清风阁"高高矗立在水尾行台牌楼之上。堂内的天王殿，笑口常开的弥勒佛、护法的韦陀神顶闪金光；雄伟的大雄宝殿，高坐莲台、妙相庄严、慈眉善目的三宝佛和迦蓝菩萨、达摩祖师及迦叶尊者、阿难尊者都重塑金身。

新建的水尾行台和隆兴堂可谓是"金碧装成，真是人间玉宇；丹青绘就，何殊天上瑶台"。2014年农历十月初一日吉日良辰，岩坪谢氏聘请名寺高僧为隆兴堂诸佛、神像举行开光仪式，并请道士名师恭迎文昌帝君、关公大帝等神灵驾临清风阁安身立位。典礼之际，高僧

水尾行台新建的"隆兴堂·清风阁"

念经诵佛、道士踏罡施法,堂上香烟缥缈、灯火通明,诚心弟子顶礼膜拜。十月初二日举行水尾行台落成剪彩庆典。一炷清香,合家平安人增寿;两支红烛,前程锦绣业更旺。一文喜舍,有求必应万文收;一朝膜拜,学子成名状元才。新水尾行台及隆兴堂的建成,为适中省级历史文化名镇增添了一道靓丽的风景线。

2014年"圣王公"出巡至水尾行台时,水尾行台张灯结彩、彩球高悬,呈现出一派节日气氛。早上6点多,"圣王公"出巡銮驾浩浩荡荡地从白云堂出发,途经国道大街、中溪、保丰等村,一路鼓乐齐鸣、彩旗飘扬、喜炮震天,沿途民众摆设香案,顶礼膜拜。9时许,"圣王公"驾临水尾行台,行台全体理事毕恭毕敬地在石牌楼前恭迎圣驾。圣王銮驾依旧例在隆兴堂四周急转三圈后,安位于神殿正堂接受理事和民众的朝拜。

水尾行台恭迎圣驾的隆兴堂全景

2　新安行台

　　新安行台，地处适中镇保丰村（附属中溪村大中土城点），是谢姓阳高户适中盂兰盆盛会的庆典地。凡中溪村，中心村，上赖、洋东、蓝田、盂头、山坪头、新祠、上合溪、石门炉、大溪塍、城坑、赖宝田、祠仔坑、下屿、温庄、坂寮、永溪、前洋、下溪柄、下合溪、西坑、后坂、保丰及永定区东坑、田地，连同肖姓、潘姓村民共13000多人（外出人口不计在内）均参与此活动。据史料记载，新安点人才辈出，曾出过钦点翰林、进士、举人、都督等。明清时福建有三座名书院，其中就有地处新安的崇文书院。可见，适中不愧是一个文化古镇。

　　新安点搭设有佛寮，是"圣王公"的供殿，供人朝拜，祈求风调雨顺、国泰民安；五彩缤纷的新安行台（彩坊），是纪念淝水之战谢家军的辕门，两台戏供观众欣赏，舞狮、采茶灯是为观众助兴。两台大台戏还有一个作用就是为了制煞。上方山高峻而险恶，用装扮如险峰的彩台行八卦克之，与盛会宗旨建醮祈求上天驱邪避灾，保佑四境平安，祈望五谷丰登、延年益寿相符合。整个场地，张灯结彩，争奇斗艳，古色古香，金碧辉煌，恰似天上瑶台、人间胜境。衬以弦歌雅乐，歌舞升平，彩阁银花连昼夜，人间天地齐共欢。

为了传承和弘扬适中的历史文化，近年来，不少乡亲倡议兴建一座适中文化园，在园内设置各种展馆，以展示适中丰富多彩的历史文化、盂兰盆盛会的佛教文化、独特的方形土楼旅游文化、与闽西中央苏区同为一体的红色文化、人文与民俗风情的传统文化等。同时让全体乡亲懂得适中的过去和现在，更加珍惜和热爱自己的家乡。为此，适中各界自发成立了适中文化园筹建董事会，决定在适中八景之一的"屏山夕照"屏山林前兴建一座适中文化园。

　　根据计划，董事会决定在屏山林前的佛仔山顶上推平一块占地面积近万平方米的广场，用来建设适中文化园和新新安行台。在广场南面，建造一座5层高的适中历史文化大型展览馆；在广场东面，建造一座占地1000平方米、高十几米，砖木结构的"上坪寺·观音殿"；在广场西面，则矗立一座十几米高的滴水观音石雕，石雕两边各建一座大戏台；在园区周边建设文化长廊等，预计投资人民币一千多万元。

　　2014年，适中各界热心人士捐款共计人民币一百多万元，在佛仔山顶平整出了近万平方米的广场，并完成了"三通一平"；同时修筑了一条6米宽、1000米长，从319国道入口起直达山顶的水泥道路；四周山坡辅以数千棵名贵树木。当年十月半的新安行台，依旧例在广场上搭建"恭迎圣驾"的佛寮和闻名遐迩的"新安牌楼"。新型的装饰、现代的布置、五光十色的灯光配置，使新安行台成为当年适中盂兰盆盛会活动中场地最宽广、装饰最新颖、内容最丰富的活动点。

　　2015年，筹建董事会收到捐款计人民币三百多万元，"上坪寺·观音殿"遂于正月十八奠基，于农历九月十六全面竣工。"上坪寺·观音殿"采用仿古建筑风格，主体建筑由门厅、天井、主殿及东西厢房组成，面积约1000平方米，主体高约13米。门厅和主殿屋脊雕有四条龙、一对凤凰，呈现一派龙飞凤舞的景象，四周动带装饰着精雕细刻的花鸟人物，颇显古色古香。沿着寺前大理石五龙壁雕两侧的台阶，来到门前平台，四周是大理石石柱与线雕做成的栏杆。大门上方悬挂着蓝底金字的"上坪寺"匾额，大门前方是一对盘龙青石柱，两侧饰有青石线雕。

进了大门，可以看到主殿屋檐下方竖挂的一块"观音殿"牌匾，大厅正中供奉着农历九月初九安位的汉白玉观音和金童、玉女三尊神像。观音高3.48米，采用四川特级汉白玉雕制而成，两边的金童、玉女高1.68米，材质与观音一样，莲花底座四周铺设着高1.28米的青石浮雕。大厅四周墙裙铺设青石线雕。屋顶中心是5970毫米×6000毫米的穹顶拱斗，栋梁用直径45毫米的杉木做成，眉梁、托梁、屏风、角花均以人工雕刻的龙凤花鸟装饰。

副董事长谢绍樑先生、谢兆钟先生打开了"上坪寺"三扇大门

观音殿建成后,当地自愿报名的九十多位善男信女组成了一支接香团,于农历九月十七日早晨前往浙江普陀山观音殿,接引菩萨高香到"上坪寺·观音殿",并于农历九月二十日顺利回到适中。

龙岩莲山寺光炳方丈率十多位高僧为上坪寺观音菩萨玉雕佛像举行隆重的开光典礼

光辉灿烂、灯火辉煌的"上坪寺·观音殿"夜景

新安牌楼历史照片

3 石桥头行台

林氏一脉,源远流长。太祖比干以身许国,裔孙林放入孔圣七十二贤,闽林氏始祖为禄公,唐之林披,九子先后折桂,世称"九牧",湄洲妈祖,属其派下,适中林姓亦为"九牧"之后。

作为适中四大姓之一,适中林姓居民原以石桥仔作为盛会地点,后将行台设在龙埔初小旁边。本点除搭设佛寮外,历来以装扮奇巧为特点,小巧的设置以水为载体,融入科学技术,显得更富有情趣,更吸引人,故被称为"石桥水阁""龙门吐珠",很是精致。此外,在石桥头行台,人们可以从复制品中欣赏宋朝仁宗皇帝赵祯御赐的"忠孝"二字和历代五位皇帝御赐的诗文,还有明代刑部尚书林俊撰写的《林氏族规》,这些都是十分难得的人文教材。

适中旧时有著名的八景:"白云钟鼓,长塔熏风,上方晴雪,蔡坑春树,龙埔夜月,虎岭松涛,屏山夕照,柳驷晓烟。"其中的虎岭,俗称西屏山,位于龙埔自然村西面,高大险峻,旧时满山是郁郁葱葱的松林,与龙埔宫岭的一片松林遥遥相对。每当天风吹来,松涛滚滚,山呼海啸,蔚为壮观。适中溪从洋东村和中心村蜿蜒而来,流过龙埔村,溪面平阔,流水淙淙,每当夜月映照,或静影沉璧,或波光粼粼,两岸柳树飘拂，土楼里不时传出夜读的童声和犬吠声，宛然一幅充满诗情画意的传统农村社会的画图，难怪古人把它们列为适中"八景"中的二景。

近年来，在建设社会主义新农村的实践中，为了满足村民日益增长的文化生活和体育活动的需要，中溪村两委和林芳高户理事会，动员广大村民参与，经过两年半的努力，于2014年11月在虎岭山脚下兴建了一座别具一格、传统与现代相结合的虎岭公园。

虎岭公园背靠虎岭，占地15亩，总投资三百八十余万元。公园主体平台占地3500平方米，设有办公综合大楼、大戏台、露天舞台、佛寮、观景台及公共卫生设施等主体建筑，并设有标准塑料地板篮球场、排球场和各种健身器材，为广大群众开展体育活动开辟了新的天地。虎岭公园入口处，雄伟壮观的虎岭公园大型石雕牌坊矗立在入口中央。石牌坊中大门上是一幅"双龙戏珠"的大型石雕，凌空腾云的两条金龙熠熠生辉；行草大字苍劲有力。金光闪闪的虎岭公园大门石柱上镶嵌着"听风听雨听虎岭松涛，观山观水观龙埔夜月"的金字对联，对仗工整、立意不俗；大门两边是两个小门，两边的大石柱上是林建初教授的"虎踞龙盘，山高水长"金字对联，这两副对联尽显了林家的文化底蕴。进入大门是假山水池，一泓清水在池中喷出蘑菇状的水柱，显得极为别致，池中大理石天然造就的"鲤鱼欲跃龙门"栩栩如生；一条通往公园的大理石台阶，依山铺就、错落有致、级级攀登，无不令人心旷神怡，别有一番愉悦之感；石阶旁设有几处别具一格的石桌石凳，供游人休憩闲息，几株百年古树和从多地移来的名贵苗木、奇花异草在此发出一股股清香，让人心旷神怡。站在公园的观景台上，几乎可以眺望大半个适中的山川秀色或万家灯火，可以领略古人所谓的"虎岭松涛"和"龙埔夜月"之意境。整座公园环境优美、交通便利、配套设施齐全，确实是广大村民的一个文化体育活动中心、一个休闲锻炼的极佳场所。

公园的创建过程体现了村民的主动创造精神和对家乡的诚挚热爱。2013年1月，虎岭公园筹建小组成立，小组成员及林芳高户民俗理事会部分成员先行捐赠十余万元启动资金，着手规划及征地工作；2013年12月初，结束平台的土地平整；2014年5月8日，公园主体建筑破土动工；2014年8月18日，大型石雕牌楼顺利落成；2014年11月8日，公园落成典礼和开园仪式举行。2014年农历十月十四日，林芳高户新石桥头行台迎来了甲午年适中盂兰盆盛会的第一个"十月半"，并取得圆满成功。

虎岭公园的建成，可谓一举两得。一是其可作为中溪村和龙埔自

虎岭公园全景图

别具一格的虎岭公园石台阶

然村村民业余文化活动和体育健身活动的中心,二是使得适中盂兰盆盛会林芳高户石桥头行台有了永久性地址。数百年来,林芳高户石桥头行台每届活动地点东挪西移,没有一个固定地点,历届盛会中该行台均以竹木搭建,既耗巨资又费劳力,使用的时间又短暂,造成资金、人力的浪费。现公园内新建了一座永久性、雄伟壮观的佛寮,一次投资,千秋受益。

4 蓝田行台

蓝田行台是蓝田村盂兰盆盛会的庆祝点，是2004年（甲申年）新增加的一个分点，设在蓝田洋坡。蓝田村四周群山环绕，风景秀丽，土地肥沃，石灰石储量极其丰富（约2亿吨），是适中水泥厂的原料供应基地，不愧为"蓝田种玉"，故取名为"蓝田村"。全村总面积7.5平方千米，人口约1400人，99%属谢姓高阳户，谢姓九阳之一，阳德公房后裔，是适中谢氏裔孙聚居地之一。近年来，随着经济发展，人民群众生活水平的提高，社会各种矛盾也随之增加，民众希望通过活动化解矛盾、增强团结，所以要求在蓝田村增设分点。

2008年春，村两委广泛征集村民的意见，决定在村中央的一座小山顶上兴建蓝田文体公园和孔圣堂。该公园集文化教育、休闲活动、体育锻炼于一处，又是适中盂兰盆盛会的蓝田行台。此决定得到了全体村民的大力支持，当年即破土动工。经过三届村两委和全村群众的共同努力，2013年农历十月三十日，蓝田文体公园、孔圣堂告竣完工并举行庆典剪彩仪式。

在推平的小山坡上，新建了登上小山顶的盘山水泥公路，山顶上新建起一个200米环形跑道运动场、一个水泥篮球场、一座金碧辉煌的孔圣堂、一座戏台、一个多功能文化活动室、一个停车场、一个可容纳四五十张餐桌的餐厅、两个蘑菇形凉亭。公园周边配置了各种健身器材、石桌石凳和12座用花岗岩雕塑的十二生肖大型雕像及"二十四孝"石雕画廊。公园、盘山公路和停车场周边还种上了1800棵珍贵树种及各种花草,并安装上路灯。整个工程共投入人民币三百八十多万元。其中群众踊跃捐款捐物,共捐献人民币135万元、杉木150棵。

盛会期间的农历十月九日寅时,全村村民起床燃放礼炮,卯时青壮年全体出动,各种车辆百余部到白云堂接"正顺圣王"至蓝田点。上午辰时起,"正顺圣王"进入佛寮,全村张灯结彩、彩旗飘扬,家家户户都沉浸在节日的气氛中。善男信女拎着冥纸供品进入佛寮朝拜

蓝田行台大戏台

圣王。当日全村男男女女无闲人，凡外村前来朝拜、观热闹者数千人，都能得到蓝田人的热情接待。当晚举行焰火晚会，行台请戏班演戏三天三夜。

5　黄田行台

黄田行台是适中盂兰盆盛会陈、赖两姓的活动点,位于原来的黄田岭头(即赖派仔),现镇政府对面。

陈、赖两大姓的陈家隆、赖明高、赖万良、赖朝恩占了适中盂兰盆盛会"四姓七团"中"七团"之四,位居首位,其后裔分布于适中

黄田行台的两台大台戏

镇中心村墩古、上亲、蔡坑、洋东、上赖、老赖等地，行台除了黄田行台外，另在上赖增设一座行台。

黄田行台活动的时间为农历十月十五日，所设行台气势恢宏，尽显陈、赖两姓艺人高超绝技，不亚于谢、林两姓的行台，集文化、艺术于一体，格外引人注目，成为适中盂兰盆盛会的一大亮点。

行台彩联"明圣耿忠，汜水建勋安社稷；高贤敦孝，兰盆功德报慈恩"，道出的是追念贤人功德和为人处世警言，是"朝日晖大地，四姓同歌盛世；恩波沐神州，七团共庆升平"喜迎盛会的真实写照。黄田行台雄风长驻，足以反映陈、赖两姓的民俗风情及团结和睦的高尚情操。2006年秋，黄田行台在中心民俗一条街的宿基山上动工兴建与适中盂兰盆盛会共用的适中文体公园，由陈、赖两姓共同操办。公园鸟语花香、景色宜人，建有供圣王公坐堂的庙宇、大戏台，并配备各种健身器材等。周边居民非常喜欢到公园锻炼、娱乐。

6 土城行台

土城地处适中腹部略偏东,位于中溪村,历来是适中盂兰盆盛会活动的佛寮之一。传说七星坠地时,其中一颗便坠落于此地,形成一座馒头状的小土山包。其总面积 23338 平方米,山顶垂直高度 60 米,

土城公园的石牌楼

四周可俯视如诗似画的适中集镇全景,是一座不高不矮,很适合各种群体活动的场地。

2004年,中溪村的一些热心人士发动大家捐资赞助,在土城山顶建成了一座金碧辉煌占地255平方米的谢安纪念馆,为2005年适中盂兰盆盛会新增了一个亮丽的风景区。该馆现已开辟成一个集传统教育、文化娱乐、休闲、健身、观光于一体的综合性公园。公园内有东晋名相谢安纪念馆,有9米多高双层结构、新颖别致的新风亭,有整块大理石雕成高4.7米的民族英雄文天祥塑像,还有550平方米水泥活动场地、标准篮球场、大戏台、两套健身器材等。公园周边的护坡,总长三百五十多米,全部用石头砌成,远看犹似一座石头城,颇为雄伟壮观。公园的空地上全部植了地毯草,周边种上了香樟、桂花、翠柏等。每天前来土城公园健身、休闲、娱乐的人群络绎不绝,夏天傍晚更是车水马龙、人来人往。2006年以后,土城公园又集资了几十万元人民币,新增了新风亭、文化长廊、鱼池水阁和石牌楼等。

7 保太佛寮点

2012年农历十一月二十八日竣工的保太水口天后宫佛寮点,始建于20世纪80年代。其位于闻名遐迩的仁和盆地鲤鱼山脚之"鲤鱼上滩"吉穴,依山傍水、风景秀丽、交通便捷。宫内主祀誉满全球的和平女

保太水口天后宫

神——妈祖娘娘，其香火是从湄洲岛妈祖庙虔诚引进的，历来香火旺盛。数年前，水口宫屋瓦严重破损亟待维修，2012年农历正月十八日，仁和村保太片村民召开代表会议，研究决定重建水口宫。重建工程于同年农历三月二十六日吉时动工，历时八月完工。新建的水口天后宫建筑总面积达450平方米，建筑总投入人民币62万元。整座庙宇为水泥结构，由正殿、天井、回廊和宫门组成，错落有致。十根花岗岩石柱，撑起整座宫殿。金碧辉煌的琉璃瓦屋面、雕龙画凤的歇山梁装饰，使整座宫殿更显得富丽堂皇。圣母神像安居神殿正中，引来了四面八方善男信女进香朝拜，香火更旺。

为迎接2014年"十月半"，保太村民又集资几十万元，在宫边征用了一块土地，平整为活动广场，在广场上建了戏台，并搭建了一座模仿文明塔的七层铁塔，每层装上彩灯，整个广场也进行别具一格的布置。入夜，保太佛寮点灯火辉煌、五光十色，呈现出一派节日的景象。

此外，洋东村、洋东村上赖自然村、中心村上亲自然村，各集资人民币一百多万元，分别建成了洋东农民公园佛寮点、洋东村上赖行台、上亲文体公园亲睦社佛寮点。它们既是适中盂兰盆盛会活动场所，又是当休闲健身、文化娱乐、体育锻炼的惠民场地，各行台的文化品位得到了进一步的提升。

五　第五十六届甲年适中盂兰盆盛会活动流程

九月最后一日　保丰崇报堂演戏，名曰"万公试粉"

十月初一日　头家挑"鸭公"到白云堂祭拜用餐

十月初二日起　头家总理和理事开始戒斋，请道士"打醮"

道士"打醮"

十月初六日　"圣王公"过案，坐正殿中央，全境封刀、全民斋戒至十五日（丙年至十九日）

十月初十至十五日　"圣王公"出巡（2004年起改为初九日起出巡蓝田行台）

初十日　出巡路线：上赖—亲睦社—水尾行台—保太行台

恭请"圣王公"过案

十一日　"圣王公"小巡新安行台

十二日　休息

十三日　"圣王公"大巡新安行台

十三日晚　"圣王公"驾临土城行台，住一晚，在土城"打

石桥头行台修葺一新，恭迎"圣王公"

"圣王公"回白云堂安位

名寺高僧到白云堂"普度"

名寺高僧到白云堂"过十王"

山墩"、放焰火

十四日 "圣王公"从土城行台出巡到石桥头行台,傍晚到礼佛山行台住一夜,夜晚"打山墩"

十五日晨 "圣王公"从礼佛山行台出巡到陈、赖黄田行台

十五日傍晚 "圣王公"回白云堂安位

十月十六至十七日 请名寺高僧到白云堂"普度"

十月十八日 放生

十月十九日 请名寺高僧到白云堂"过十王",当晚为孤魂野鬼丢馒头、盐米,放河灯

六 不断变迁的适中盂兰盆盛会

随着历史的发展,适中盂兰盆盛会不断增添活动内容。尤其是改革开放后,先是由群众自发举办,后由乡镇政府举办,再由县级区政府举办,其规格不断升高,不断地融入时代元素,不断地展现新面貌。

自适中陈、林、赖、谢四姓重建白云堂,将其作为适中盂兰盆盛会主道场虔诚奉祀"圣王公"后,四姓于1454年共办的适中盂兰盆盛会,与自1214年开始之适中盂兰盆盛会大有不同。其目的改为"祀佛佑、祈岁熟、报亲恩",操办上亦改成由陈、林、赖、谢四姓的七团理事主持事务,并制定了一直沿袭至今的活动程序。每届盛会,四大姓必于初十日之前在各自行台搭建好牌楼、佛寮,佛寮内摆设各种珍藏古玩。各行台的布置各具特色,最令人称道的是"新安牌楼""石桥水阁""水尾佛寮"。每到盛会时,乐队吹拉弹唱,文人赋诗作对,各行台呈现一派祥和升平的景象。及至后来,适中盂兰盆盛会曾一度中止,直到1984年才半隐蔽半公开地恢复举行。

1994年,中共适中镇委员会、适中镇人民政府认识到适中盂兰盆盛会实际上是适中乡民用"自我出资、自我组织、自我娱乐、自我参与"方式举办的一种历史悠久的民俗活动,其主流是健康的,对于弘扬和传承适中的优良文化传统、加强各姓村民的团结、构建和谐社会,具有积极的意义。镇党委和政府决定加以引导和组织,提升适中盂兰盆盛会的文化品位。经当时龙岩市(县级)政府批准,可举办规模盛大的"龙岩市适中镇盂兰盆盛会暨文化艺术节",于当年农历十月十三日隆重开幕。当日,踩街游行队伍从白云堂路口出发,沿319国道到适中交警中队止,全程3.5公里。沿途人山人海,观者如潮,欢声雷动,万人空巷,把盛会活动推向高潮。《福建画报》、《闽西日报》、福建电视台、龙岩电视台等新闻媒体做了宣传报道,省文化厅还发来贺信。

2004年，适中盂兰盆盛会得到进一步提升，由新罗区人民政府主办、适中镇人民政府协办，冠名"适中镇盂兰盆盛会暨新罗区农村文化艺术节"。此次盛会比1994年更加隆重、更加热闹。新罗区人民政府调集了南城、中城、东肖、西陂、小池等乡镇街道的民间文艺队、采茶灯队及龙岩山歌剧团等，组织了农历十月十三日的踩街游行活动。踩街游行队伍中除传统的项目外，还新出现了十多辆展现适中建设事业成就、适中土楼造型、新农村建设新面貌等的彩车，一百多辆披红挂彩的小轿车。同时，还举办了集邮展览、书法美术展览、摄影展览及商品展销等活动，大大丰富了活动内容。来自省、市、区一百多家单位代表及海内外来宾千余人，以及邻近区县的五六万群众参加了盛会。同时，本届的活动点又新增了蓝田行台。2004年起，适中盂兰盆盛会各行台逐步改变了以前竹、木搭盖的佛寮布置，所在村村民有钱出钱、有力出力，集资兴建了集盂兰盆盛会与健身、休闲、文化、体育等活动相结合的永久性场所。

2005年11月，适中盂兰盆盛会被福建省列为"省级非物质文化遗产代表作"。

七 关于适中盂兰盆盛会的研讨

由于历史悠久、文化内涵深厚、对社会影响深远及广受群众欢迎等原因,适中盂兰盆盛会引起了许多专家学者的关注。经过这些专家学者对盛会的探讨、研究,涌现出了不少学术成果。

1 适中盂兰盆盛会起始时间考

十年一届(逢天干甲、乙、丙三载)、为期半个月(甲年15天,乙年15天,丙年19天,共四十九天)的适中盂兰盆盛会(俗称"十月半"),是龙岩市新罗区适中镇的大型传统民俗文化活动,2005年被列为"福建省非物质文化遗产"。

它具有悠久的历史。那么它究竟起始于何时呢?

镶嵌在白云堂墙上的《甲申班公田记》碑文明确记载:"稽白云堂肇自大宋,祀佛报恩,递建盂兰盛会为迦兰,主者三宝。"《皇明白云堂公田记》碑文更是明确记载:"龙坪白云堂尚自有宋嘉定间,选甲岁庸建兰盆会。"大宋,即南宋;宋嘉定年间,即1208至1224年。此年间有两个甲岁年,即1214甲戌年和1224甲申年。因为1224甲申年已经是嘉定的末年,如果从甲申年开始,那么盛会就从嘉定年间跨越到宝庆年间了。由此可以认定:适中盂兰盆盛会应该起始于1214甲戌年,连续三载即1214甲戌年、1215乙亥年、1216丙子年。距今已经800年了。

首届适中盂兰盆盛会的缘首(主持者)是谁,已经无考。但是推举的原则是非常严格和神圣的,《皇明白云堂公田记》碑文载:"三载会之缘首，非即心，是佛诸签；恒河者莫与选，至严也。"意思是说，缘首不是随意产生的，不是一般人可以胜任的，而是由乡民公选之后，经过拜佛抽签由佛意最后决定的；因为拜佛的信众如恒河沙数之多，所以要求非常严格，唯有其中德高望重而且被佛意所认可的人，方可成为盛会的主持者。之后历届的缘首，应该都是严格按照这个标准和程序产生的。

　　按照常理，宋嘉定甲戌年以降，信奉佛教的适中各族姓村民（例如较早在此地居住的王、严、筱、张等），每逢甲、乙、丙三年，必定会在白云堂继续举办（或联办或分办）适中盂兰盆盛会，以祀佛报恩或遇天旱求雨。究竟这样的适中盂兰盆盛会举办过多少届，缘首是谁，因历史久远，现已无据可稽。但是无论如何，宋元时期适中村民继续举办过多次盂兰盆盛会，白云堂香火不断，应该是不争的历史事实。

　　由此可见，适中盂兰盆盛会的起始时间本来是十分清楚和十分明确的。但是从20世纪90年代以来，乡中却流传一种新的说法，认为适中盂兰盆盛会"起始于1444年"，甚至2004年（甲申年）的适中盂兰盆盛会组委会印发的宣传材料（会刊）和会徽，也印上"1444～2004"的字样，实在是大谬不然了。

　　据了解，这种说法源自于一尼先生（谢启文）发表于1986年7月《适中文史通讯》第三期的《十月半的盂兰盆盛会》一文。该文引用谢氏族谱的一些记载，做出推论。生活于明代初叶的谢氏阳高户七世祖谢阳周先生（1424～1498）是个机智幽默的才俊。正统末期或景泰初期，适逢当届盂兰盆盛会的筹备期间，乡中诸姓乡民正在重建或扩建白云堂寺院。当时，谢家尚没有参加主办盂兰盆盛会。谢阳周机智地为白云堂正厅捐献了大梁木，获得其他诸姓总理的支持，使谢家取得了参与重建白云堂寺院和筹备盂兰盆盛会的资格。此后，适中四个主要族姓陈、林、赖、谢的乡民开始联合（所谓"四姓七团"）举办盂兰盆盛会，或者在天旱时期共同出资联合举办求雨活动。谢氏后人在族谱记载谢阳周生平时，称赞之："精于地理，巧于经营，白云堂殿，四姓祀神；东宫巧耸，谢氏兴隆，仰公大泽，莫与之争。"这个记载和故事是可信的。

一尼先生据此推论，谢家是在明正统末期或景泰初期参加盂兰盆盛会的，或者说在明正统末期或景泰年初期，适中陈、林、赖、谢四姓开始联合举办盂兰盆盛会，这是持之有故、言之成理的。但是，一尼先生据此进一步推定，白云堂的盂兰盆盛会是在谢家参加重建寺院以后才开始举行的，具体时间是在明正统年代之后，这就失之偏颇、持之无据了。20世纪90年代，为筹备甲戌年（1994）盛会，主持者谢荣皆、郑元福等老先生参照一尼先生的文章和谢家族谱，进一步"确定"适中白云堂盂兰盆盛会的起始时间为明正统九年甲子年即1444年（不知具体根据何在，与一尼先生的意见也不一致），并公开对外宣布，这就更加持之无据、以讹传讹了。

一尼先生、谢荣皆先生在20世纪80年代为抢救适中传统文化资料做出重要的贡献，我们将会永远记得他们的功德。但是，他们为什么仅仅根据谢氏族谱的一些记载和民间传说，就断定适中盂兰盆盛会起始于明正统年代之后或明正统九年即1444年呢？我想，最主要原因可能是他们虽然生于斯、长于斯，却从来没有看见过白云堂的碑文，不知碑文早有明确无误的记载。这从他们主持收集和编辑的《适中文史资料》可以得到佐证。该资料连同《适中民间文学集成》共10本，洋洋28万字，内容广泛，唯独没有收录关于白云堂碑文的资料。这说明他们直到去世前，大概都没有看过和研究过白云堂碑文。一来可能受制于当时的文化氛围，白云堂的有关碑文尚未引起人们的注意，或者时人对白云堂的碑文熟视无睹；二来碑文字迹模糊缺失，一般人没有兴趣阅读，更不可能深入去研究它们。这样，只在有限的族谱资料中去求索，再加上想象的成分，就难免会做出错误的推断。我想，如果一尼先生和谢荣皆先生生前有幸看到白云堂的上述碑文的明确记载，相信他们是一定不会做出那样一种错误说法的；如果他们在天有灵，今天一定会同意我们尊重和恢复历史事实：适中盂兰盆盛会的起始时间是宋嘉定七年甲戌年，即1214年，距今已有800年。

  白云堂的石碑在默默诉说着800多年来的故事。它们是见证我们适中历史文化的瑰宝，值得我们去研究。

2　关于龙岩适中盂兰盆盛会的考察

　　适中位于福建省龙岩市南部，处于龙岩市、漳平市、南靖县和永定县的交界处。自宋元以来，来自四面八方的民众移入这一带定居，逐渐形成了一批新的聚落。适中就是经过几个世纪的发展形成的社区。明代中叶以来，适中居民逐步创造了精致的文化活动——盂兰盆盛会。在这一文化活动中，他们花费了大量人力与财力，极尽炫耀夸富之能事。适中盂兰盆盛会自明代创制以来，几经沧桑，于今不替，1994～1996 年连续三年举行了适中盂兰盆盛会。可以说，盂兰盆盛会已成为当地传统文化中最为核心的组成部分。

　　笔者于 1993 年夏天在适中进行社会历史调查。在调查过程中，当地人频频谈起盂兰盆盛会的传统。给笔者印象最深的，不是他们所炫耀的富足，而是这种隆重热烈的仪式所包含的复杂内涵。在这篇论文中，笔者试图根据田野调查资料，结合历史文献中的记载，通过对盂兰盆盛会的考察，分析文化传统的创造与社区格局变迁的关系。

　　适中位于龙岩南部。东与漳平交界，南与南靖、西与永定毗邻，北与龙岩曹溪镇相连，西北与龙岩东肖镇接壤。适中四面环山，中部地势平坦，形成一个小盆地。全区平均海拔 650 米。境内有大小山峰二十余座，东有龙伞崟、笔架山、白石岐，北有石宾岐，西北有岩山头，西有清凉山，中部有元宝山、上方山、龙华山等，南部有坂寮岭。境内河流分成三个系统：适中溪发源于蓝田、盂头，向南贯穿适中盆地注入南靖县境，这是适中最为重要的河流；象山溪发源于南坑，向东南流经象山、溪柄入南靖县；小溪发源于竹仔坂，向南流经新祠，折而向西北至合溪，然后流入曹溪马坑，为龙川上游支流之一。

适中古称上坪，嘉靖《龙岩县志》载，上坪有三社，即上坪上社、上坪中社与上坪下社。明嘉靖年间（1522～1566）在此置驿站，因地近龙岩城与漳州城之中点，故名之为"适中驿"。此后适中变成上坪的代称，而上坪三社亦为适中社所取代。

适中的开发至迟在宋代就已开始。据说适中最早的开发者是筱姓。至今适中柳溪尚有筱溪坝、筱河仔等地名，龙埔有筱太监城与筱氏祠堂，枣坑口尚存筱太监遗址。宋元以来，陈、林、赖、谢四姓先后移入，对当地进行开发，四姓裔孙成为适中历史上的主要开发者，目前成为适中人口的主体。四姓中，据说陈氏迁入最早。宋高宗（1127～1162年在位）即位之初，陈元光后裔陈七七率弟八八、九九等，由河南光州固始迁入龙岩，定居于龙坪岭头。陈七七之孙陈小十，字古峰，开基适中，为适中陈氏一世祖。目前陈氏分布于上亲、敦古、东甲、洋东、上屿等村落。1986年陈氏共有人口1247人，占适中总人口的4.3%。林氏林文德于宋末自河南入闽，第九子林九郎迁龙岩，宋亡后再迁象山。林九郎长子三十五郎为仁和缘岭林姓开基始祖；次子四十二郎为龙埔林氏始祖；四十二郎长孙分支王墘，成为王墘林氏始祖。目前林氏分居于东甲、象山、永溪、龙埔等村。1986年林氏共有人口5864人，占全乡总人口的20.4%。据说赖氏也是在南宋末年迁入的。宋末上杭古田赖五郎后裔兄弟三人先后迁居适中开基，现分居于上亲、上赖、敦古、东甲、长塔等地。1986年赖氏共有1316人，占全乡人口的4.6%。谢氏于1277年左右从上杭古田谢澄源第十代裔孙万十二郎携子小五郎迁居适中鸟笼坑，为适中谢氏开基祖。现谢氏分居于中心、洋东、莒溪、中溪、营坑、保丰、温峤、坂溪、蓝田等村。1986年谢氏共有16634人，占全乡人口的58.8%。1986年这四大姓的人口占全乡的88.1%。四姓以外，适中还有郑、卢、黄、杨、潘、吴、马等姓，多是明清两代迁入的。

适中盂兰盆盛会是在适中驿附近的白云堂举行的。白云堂是适中最大的寺院，陈氏的祭文称其建于唐代，《龙岩县志》则称其乃"始自宋时"。现存于白云堂的碑文《甲申班公田记》称"稽白云堂肇自大宋"，《皇明白云堂公田记》更清楚地指出"龙坪白云堂尚自有宋嘉定间（1208～1224）"。综合上述说法，南宋之说应该是比较可信的。现存的白云堂包括大云宝殿、东宫与西宫（又称天宫）三部分。堂中奉祀神明很多，奉于大云宝殿者有三宝佛、玉皇上帝、陈真祖师、定光古佛、目连、地藏王、弥勒佛、神农、观音、龙王及圣王公等；奉于东宫者有十殿阎罗、花公花婆、马夫、文昌帝君等；奉于西宫者有十八罗汉等。其中三宝佛是本寺主神。不过，从下文分析来看，适中盂兰盆盛会的主角不是三宝佛，而是"圣王公"。何以如此？这正是本文讨论的一个关键问题。堂中佛道诸神与地方性神祇（如陈真祖师）混杂合祀的情况，乃是明清时期福建民间宗教的普遍现象。

适中盂兰盆盛会的传统，大约是在明代后期形成的。此时适中开发已达到一定水平，经济和文化都已有所积累。适中历史上的第一位举人谢兆甲于天启七年（1627）中举，他成为适中科举出身的第一位知县。上坪作为一个墟市，也在嘉靖《龙岩县志》中出现。同时，宋元时期迁入适中的汉人移民，在明代早期落籍定居，至明代中叶子姓已繁，收族的任务也就提上日程。正德（1506～1521）初，适中谢氏之子孙已传十余代，"衣冠济楚"，成为"吾岩巨族"，在这种情况下，裔孙谢殷"读书尚义"，"爰托始于本源而推及于派，辑为一族之谱"，使得"派系有源，世代相继，宗支详明，昭穆有序，尊卑分定，族谱一览可知其属矣"。嘉靖四十二年（1563），林氏双涧公亦创修族谱。至万历二十四年（1596）、万历四十年（1612），谢氏阳高户与阳明户亦先后创修本支族谱。稍早，谢氏阳周公（1424～1498）曾组织当地人重建白云堂，东宫可能就是在那时建立的。适中盂兰盆盛会的传统，很可能就是在此期间在当地被创造的。

笔者用"创造"一词，并非指适中盂兰盆盛会的起源，而是指适中今日富有地方特色的盂兰盆盛会传统，是在明代后期创造的。实际上，就源流而言，适中盂兰盆盛会的传统，可以追溯到中古时代的盂兰盆会。盂兰盆又作乌蓝婆拏（Ullambana），为梵文音译，是"救倒悬"的意思。人们一般于每年七月十五日奉施佛僧之功德，为救先亡倒悬之苦，故称盂兰盆会。根据北齐颜之推《颜氏家训》与南朝梁人宗懔《荆楚岁时记》的记载，盂兰盆会早在南北朝时期就很流行。但是，适中盂兰盆盛会与普通的盂兰盆会并不相同：从时间上说，一般的盂兰盆会是在每年七月十五举行的，而适中盂兰盆盛会则是逢甲、乙、丙年才举行，也就是十年三次，其月份不是在七月而在十月，甲、乙两年举行的具体时间是从十月初一到十五，丙年则是从十月初一至十九，加起来共是四十九天；从目的上说，一般的盂兰盆会是为了救祖先倒悬之苦，而适中盂兰盆盛会则是"以祈年熟，报亲恩也"，实际上融入了祈报丰收的农业崇拜的观点；从组织上说，一般的盂兰盆会是由佛教寺院的僧侣主持的，而适中盂兰盆盛会是由当地的乡族组织"四姓七团"组织的。前人不明此点，遂将适中十年三建的盂兰盆盛会的时间上溯至宋代。比如道光《龙岩州志》云:"白云堂:在适中驿后,建庵奉佛,始自宋时。旧俗逢甲、乙、丙阳月,乡人祈年报赛于此。历经千余年,相沿不改。"1920年版《龙岩县志》亦承此说,但此说不知所自。现存最早的《龙岩县志》系嘉靖志,但该志"白云堂"条仅云其在上坪中社,连建置年代都未提及。康熙《龙岩县志》与乾隆《龙岩州志》则连白云堂之名都未载入。1945年版《龙岩县志》存白云堂之名,却未做任何注解。这可能是因为该志编者郑丰稔据前志对道光志和1920年版《龙岩县志》进行的修订。从适中盂兰盆盛会的组织与民间传闻看,适中盂兰盆盛会传统形成的时间,不会早于明代中叶。延续至今的"四姓七团"的组织形式,在成化十八年(1482)以后才可能出现,因为"七团"之一的谢氏阳高户,景泰四年(1453)才开始在适中出现,而谢氏阳明户,则是由谢氏广生公于成化十八年方始从他姓购得;再者,民间传闻谢氏原与白云堂无缘,后通过修建,谢阳周计充正梁而谋得一份,自此举行适中盂兰盆盛会。阳周公之裔孙所写《阳周公赞语》说阳周公"精于地理,巧以经营,白云堂殿,四姓祀神;东宫巧耸,谢氏兴隆,仰公大泽,莫与之争"。按阳周公生于永乐二十二年(1424),卒于弘治十一年(1498),其盛年亦当在明中叶天顺、成化年间(1457~1487)。从谢氏宗族发展的过程看,这个传闻不应视为毫无事实根据的杜撰。因此,适中盂兰盆盛会在明中叶以后创造出来是很有可能的。

嘉靖末年以后,适中盂兰盆盛会逐渐进入制度化时期。这表现在两个方面:一是缘首的指派,二是公田的添置。根据白云堂所存木版《缘首班录》,适中盂兰盆盛会最早的缘首,是嘉靖甲子(1564)班的都首(即都缘首)谢裕与林华炜。此后每班都换届推举。这表明适中盂兰盆盛会在组织上已经制度化。《缘首班录》载有明嘉靖甲子班至清康熙甲子（1684）班共13班缘首。每班设有都首2人，唯独康熙甲子班除载都首2人外，又记录有劝缘首18人，说明在都首之下设有劝缘首以夹辅都首。适中盂兰盆盛会十年三建，而都首和劝缘首当是十年一班、十年一选。推举都首当与其财产与地位有相当大的关系。如明万历甲寅（1614）班都缘首为谢莱璘和林魁际，前者曾"乐施庙田数亩，铜钟壹对"。该班又有众首（当即众缘首）林魁陆、陈文备、赖君福等人，他们也曾"各施银两"，资助适中盂兰盆盛会。林魁际可能是林氏柏芳户户长，《长林世谱》说他"躬行孝友，总理户务，凡大父母坟墓，皆公置筑。县主施进士报授冠带，举为乡正，约束里间，时人方之马氏之白眉云"。

公田的设置，是明嘉靖、万历年间适中盂兰盆盛会走向制度化的另一个表现。据白云堂的乾隆二十三年（1758）碑刻，白云堂最早设置公田，是在万历三十二年（1604），该年干支为甲辰，"旧历甲辰班上元乐充石地墘厝前脚田，税壹石贰斗伍升驲"。本年还进行募捐活动，以所募银钱放贷。《皇明白云堂公田记》云："龙坪白云堂尚自有宋嘉定间，选甲岁庸建兰盆会。三载会之，缘首非即心是佛，□□□可□莫与□至□也。万历甲辰，金惟谢莱璇、陈大诰综其事，□□、林万桂诸人□之，洵得人也。以故不假木毯，檀越乐香纸，为追望妆土木端役长有微□，不令乌有也。仍万桂诸人权子母而殖之，会计系毫不爽。阅年十二，积金四十有奇。因白众立庄，为定光主持计，众可之。"万历四十二年（1614），都缘首谢莱璘又"乐施庙田数亩"。崇祯二年（1629），将建会所余银两放贷生殖所得"白众立庄，实葺庙戏花计也"，又置买了许多公产。天启四年（1624），白云堂举行保苗仪式，又有许多人捐充田亩。顺治元年（1644），值甲申班庆祝佛诞（四月初八），将这次乐捐银两置田。经过这几次大大小小的乐充买置，至明末清初，白云堂的庙产已初具规模，为适中盂兰盆盛会的举行提供了一定的经济来源。

明清之际的社会动乱，基本上没有对适中盂兰盆盛会的举行产生多少影响。《缘首班录》所载历班缘首俱全，从侧面说明了适中盂兰盆盛会从未间断的历史事实。甚至在明王朝灭亡的那年（1644），适中盂兰盆盛会亦照常举行。当年"（公）推谢懋道、林谨请综其事，擢谢中彦诸人为副，即心是仸（佛），善乃戢（职）矣。适当风鹤之际，未得报竣，幸有继志起而共襄□厥事，□粒十余载，稍期仰答谢□佛务，较铺金施园，良可恍已矣"。此后社会重归于稳定，适中盂兰盆盛会的活动，一直延续至20世纪中期。

前清一代，适中商人盛极一时，成为龙岩商人的主体。适中商人多经营烟业，在全国各地设立的烟店、烟行达53家，他们还经营棉布业、布庄染房、制香业、神曲业、京果业等。适中商人的足迹，遍及赣、粤、冀、豫、沪、黔、台、甘、鄂、湘及省内汀州、漳州、石码、厦门等地，他们在上述地区设厂精制水旱烟丝，盈利极厚。同时又将经商所获，投资于地方社会与民间文化建设，在适中造就了壮观的方形土楼群。当然，举办适中盂兰盆盛会活动，也是获取商业利润的一个重要用途。清代白云堂的公田已趋稳定，数量不多，收入不足以供给支出。这是因为适中盂兰盆盛会历时较长，且极事铺张，据说每建一会，就得花费几万至几十万光洋。即使在经过十四年抗战后的1946年，适中举行盂兰盆盛会的费用仍高达九百万元，适中四大姓每丁敛六百元。（即便是适中盂兰盆盛会的举办权，亦可以卖到好价钱。据说上赖赖氏在经济衰退的影响下，无力再在当地举办适中盂兰盆盛会巡游的活动，就将在当地巡游的举办权转售给谢氏阳明户，其价值高达一千光洋。）适中盂兰盆盛会的大台戏，装饰奢豪，所费更为不赀。《长林世谱》

云:"我乡兰盆盛会每逢甲、乙、丙三年,费用浩繁,所有应开银项,向来应隶修添丁尝付用。"也就是说,由于适中盂兰盆盛会费用很多,林氏专门抽调添丁负责这笔开销。为解决适中盂兰盆盛会的经费来源,当地采取了向各姓户摊派的制度。这项制度在嘉庆朝以前就已实行,至嘉庆十一年(1806),对各户应开份数(即摊派比例)进行了调整。该年六月,适中社中甲八户订立的《乡规保约》,保存了各户应开派的份数。在适中调查期间,笔者没有发现乾隆二十三年(1758)以后白云堂置买庙田的材料,这并不是说此后白云堂的公田所入,已足以支付举办适中盂兰盆盛会的开销,而毋宁是说,自明后期至清前期,以公田为主体举办适中盂兰盆盛会的形式,已逐渐让步于此后向各姓户摊派为主的形式。通过这种摊派制度,适中盂兰盆盛会基本解决了经费问题,且这一制度一直延续至民国时期。

3　白云千载驻悠悠

余生也晚,初闻适中地名,缘于改革开放之初,家乡有众多驾驶员运载石灰水泥跑漳、厦、泉,常听他们说龙岩到南靖,有一条长山岭,名叫坂寮岭,道路蜿蜒崎岖而且漫长,从坂寮岭倒回龙岩处的乡镇,即为适中,亦盛产石灰、水泥,工厂林立;再闻适中地名,乃于福建土楼声名鹊起之时,众多专家学者撰文介绍说适中土楼亦甚出名,丝毫不逊于永定、南靖等地,而且很有特色,大多为四角形方楼,跟福建土楼中最大的单体方楼——永定高陂遗经楼的结构相似。癸巳冬日,我有幸跟随"走进适中"采风团前往采风,目睹了适中土楼的风采,心情十分高兴!在重点考察全国文物保护单位瑞云楼之前和之后,我们还分别参观了白云堂和文明塔,这是我此次适中之行的意外收获!只怪自己太过孤陋寡闻,我先前听过"盂兰盆会"这一词汇,望文生义地以为其是类似于兰花协会的组织举办的观赏活动,没想到它是梵文 Ullambana 的音译。盂兰,倒悬的意思,倒悬形容苦厄之状;盆,是指盛供品的器皿。佛教认为供此具可解救已逝父母、亡亲的倒悬之苦。盂兰盆即"解倒悬"之意。佛经《盂兰盆经》记载了释迦牟尼的十大弟子之一——目连在七月十五日设盆解救已逝父母倒悬之苦的故事，从此，遂有七月十五佛教盂兰盆节。此举正好和中国的鬼月信俗不谋而合，梁武帝大同四年（538），我国开始仿行，相沿成习。而道教又认为，农历一、七、十月之十五日分别称上元、中元、下元，上元是天官赐福日，中元为地官赦罪日，下元为水官解厄日。因此佛教文化、道教文化与华夏民间礼俗文化相融在一起，形成了七月十五鬼节的固定节期，佛教称"盂兰盆会"，道教称"中元节"，华夏民间称"鬼节"。

与汉语系佛教地区盂兰盆会不同的是，适中的盂兰盆盛会时间改在了下元节，俗称"十月半"。因为这个季节，全年的农事结束了，一年的辛苦有了结果，一年的期盼有了收获，而对来年的农事和生活又充满着新的期盼，这正是举行民俗活动，庆祝丰收、展望未来的最好时节。永定高陂黄田村陈姓，亦有过"十月半"节的习俗。

适中的盂兰盆盛会始于何时？白云堂的几块古碑可以考证一番。明万历戊午（1618）的《皇明白云堂公田记》开篇云："龙坪白云堂尚自有宋嘉定间(1208～1224)，选甲岁庸建兰盆会。"康熙辛亥年（1671）的《甲申班公田记》首句云："稽白云堂肇自大宋，祀佛报恩，递建盂兰盛会。"乾隆戊寅年（1758）的《碑记》云："阖乡兰盆之设，十年三建，由来已久……以求祈岁稔、报亲恩也。"由此可见，适中盂兰盆盛会，肇自宋嘉定年间，已有八百多年历史，于明清时期尤为盛极。适中盂兰盆盛会的另一个特点是十年三庆，即每逢天干甲、乙、丙年，连续三年举行，以满足乡民的文化活动需求。如果年年都举办这样大规模的庆典活动，则耗资过多，于是逐渐形成十年三庆的活动模式，后成为定规。有联为证："四姓七团迎盛会，十年三庆祝兰盆"，"十月小阳春，白叟黄童歌盛世；三年大祀典，轻歌曼舞庆升平"。1945年农历乙酉年适中盂兰盆盛会适逢抗战胜利，里人谢雪岩所撰对联则为"阳春庆兰盆,恰逢环宇休兵,炮火不惊烟火闹;高风传梓里,却喜銮舆绕境,童歌权作凯歌声",甚是工整有味、与时俱进。适中白云堂供奉的神仙可谓多矣!有观音菩萨、定光古佛、伏虎禅师、陈真祖师、五显大帝、民主公王、蛇岳龙王、文昌帝君、目连、地藏等。跟客家民间信仰广泛一样,哪路神仙管用,就把它请到祠庙来,可以"合署办公"。客家学者、定光古佛研究专家宋客先生惊讶地发现,客家保护神——定光古佛也在这河洛文化地区供奉,感到十分欣喜,遂写出《适中镇白云堂供奉定光古佛》一文,发表于报刊,图文并茂,令人称赞。不过,在适中盂兰盆盛会举行之时,却有一个最高主神——"正顺圣王"。"正顺圣王",平时安奉在白云堂正殿的右侧(出门右)。"圣王公",据说非佛非道非儒,也可称亦佛亦道亦儒,却被乡民拥戴为盂兰盆盛会的最高主宰者。我们采风团一行,在张惟老师的带领下,认真聆听了当地长辈叙述白云堂的历史渊源或许与东晋谢安有关的说法。因谢姓是适中大姓,很多文章亦介绍说,白云堂所供奉的"正顺圣王",就是指挥淝水之战的谢安。等到有长者特意找出一块牌子,即匾额专家杨芳老师所说牌、匾、额的牌,举牌向我们示意时,我特别注意到上面赫然写着"敕封正顺圣王"六个大字。"敕封"二字,让我对"正顺圣王"即谢安一说有了姑且存疑的想法。因为文史知识告诉我们,古代敕诰制度规定,一品至五品用"诰封(或诰赠)",六品至九品用"敕封(或敕赠)",谢安贵为宰相,官居一品,怎么可能用"敕封"呢?因此,"正顺圣王"恐怕另有其人。回来一查资料,果然大有收获——"正顺圣王"是谢佑!谢佑(1064~1087),沙县白水村人,后迁历西(今三明梅列区列西),北宋元祐二年(1087),谢佑功成羽化。乡民们感激谢佑护国佑民有功,自发建祠奉祀;三十多年后,人们请求曾在沙县任过职的丞相李纲上表朝廷，为谢佑请功。于是，朝廷敕封谢佑为"广惠将军显烈尊王"。南宋淳熙十六年（1189），宋孝宗赐"正顺庙"额。南宋绍定六年（1233）七月，乡民在沙溪河西岸建成正顺庙，奉祀谢佑。南宋咸淳十年（1274），丞相文天祥又奏请朝廷加封谢佑为"日月盈光大帝"，配祀慈惠夫人。宋代正是造神运动最兴盛的朝代。闽南地区的妈祖信仰（林默娘，960~987）、客家地区的定光信仰（郑自严，924~1015）等，均始于这个时期，都是由人化神的典型代表。羽化之前，都有特异本领，能够扶危济困，庇佑乡民；羽化为神后，经常显灵，为世人所祀奉。比如，妈祖信仰的林默娘，北宋宣和五年（1123），宋徽宗赐"顺济"庙额，北宋绍兴二十六年（1156），宋钦宗赐庙额曰"灵应"，始封"灵惠夫人"，历经宋、元、明、清四朝三十六次褒封，封号从"夫人"到"圣妃"，又到"天妃"、到"天后"，最后到"天上圣母"，封号曾累计达64字之多，在清代达到顶峰，列入国家祀典，春、秋二祀。

　　人们对定光古佛的崇拜历程大体相似，在此不赘。谢佑亦是如此。传说他少年时，用泥土塑两尊泥人，供奉在案桌：一尊是民族英雄文天祥在《正气歌》中写道的"为张睢阳齿"的张巡（708~757），他崇拜这位唐开元进士于安史之乱时，率领睢阳（今河南商丘）军民，在内无粮草、外无援兵的情况之下，守城抗敌，宁死不屈，视死如归的民族气节。今上杭瓦子街还保存有一座太忠庙，就是祀奉张巡的，其对联曰"千载睢阳留碧血，万家玉烛照丹心"，横批是"天地正气"，既写出了张巡的英雄壮举，又写出世人对他的缅怀之情。另一尊是他自己，他激励自己要学张巡，为国为民，鞠躬尽瘁。

　　据沙县《正顺庙碑记》记载，谢佑少年游剑浦（今福建南平），谒南平第一状元黄裳，拜黄裳为师。元丰五年（1082），谢佑随黄裳守泉南（今泉州南安）三年，为泉南地区的安定和经济发展做了不少好事。元丰八年（1085），谢佑因政绩卓著，被遣迁建州（今建瓯）任职。相传，他在去建州上任途经水晶洞时，遇到一位得道高人，留他居住三天，传授给他金符玉册。谢佑到建州后，又拜萨真人为师，修行学道。元祐二年（1087），谢佑功成羽化。后来，沙县、永安、尤溪、南平、顺昌、将乐、漳平、德化等地均建起了规模不等的正顺庙。至今民间还流传着许多有关谢佑保境安民的故事：如"谢佑拥军"，当年北宋官军杨八姐率军征战路过，人饥马渴，谢佑显灵慰劳杨家将官兵，提一小壶茶却倒不完，让全体将士喝个够，煮一小桶饭却盛不完，让全军将士吃个饱，打了胜仗。还有"谢佑杀匪保民"，有一次，一伙土匪要到尾历抢劫，谢佑变成一位白发苍苍的老头拦住土匪的去路，匪徒粗暴地推开他，可是他却笑着对土匪说："你们赶了许多路，也饿了，不如在我这儿吃过饭再上路。"土匪一听说有酒有肉，可以饱食一餐，就答应了。当他们酒足饭饱后，才发觉中了毒，这伙罪大恶极的土匪就这样毙了命。

　　张惟老师说，适中是朱子过化之地。朱熹曾任漳州知府，龙岩县时属漳州管辖，因此龙岩可以称得上是朱子过化之地。马卡丹、天一燕两位老师合作编著的市政协"龙岩文化史料丛书"之一——《闽西文学史话》，刊有朱熹撰写的《龙岩学宫记》全文，可证朱子对龙岩文化教育的关心。朱子过化之地，文风鼎盛，为世人所称道。传说文明塔即为朱熹指点所建，象征适中是人才荟萃、乘风破浪的文明之乡。民间有塔为笔尖的说法，即塔为魁星点斗之笔的意思。以罗盘验之，文明塔塔门与同是朱熹指点所建的适中魁楼楼门构成正南正北方向，一条直线，不偏不倚，正是合适，相得益彰。单单明清时期，适中谢氏就出了三位进士，最著名者为谢若潮翰林（1841～1908，诰授从三品中议大夫,其第七子谢森曾任台北市最高法院庭长),这在有着俗话"三平不出翰"(指武平、平远、镇平即现广东蕉岭三个县,没有出过翰林)的闽粤边界,是非常了不起的科举成就!新式教育兴起后,适中更是人才辈出,有地质学家谢青锋,有杂交水稻之母、中科院院士谢华安,有著名书法家谢澄光等。我印象很深刻的2006年高考,福建省理科状元谢巧闽就是适中人,有人跟我介绍说,她就是我们此次参观的土楼之一的庆云楼人。因此,适中作为汀州与漳州之间的"适中之地",自然不可小视。"适中"一词,在我们当地土话里是"刚刚好、恰恰好、恰到好处"的意思,这正吻合儒家中庸之道。儒家又强调忠孝,忠就是报效国家。因此,护国庇民的故事历代相传,张巡—谢佑—李纲,忠孝思想代代相传,在适中白云堂,与盂兰盆盛会很好地融合在一起。乡民不愿有过多的忠臣将士战死沙场,便更多地祈愿神灵的保佑,于是适中盂兰盆盛会更加兴盛,"正顺圣王"(谢佑)成了盂兰盆盛会的最高主神!谢佑的平民出身和低级官员经历,正吻合"敕封正顺圣王"的"敕封"二字,可见其用字准确!到文天祥(1236~1283)起兵抗元的时候,适中是文天祥部队驻扎过的地方,至今保存有"丞相垒""国公桥"等故迹,怕是更强化适中盂兰盆盛会的"正顺圣王"(谢佑)信仰。本文行笔之时,我忽然发现连城四堡邹公庙所祀奉的邹公,亦有两说:一为唐代邹应龙,一为宋代邹应龙。唐邹应龙是法师,跟郑自严、谢佑、林默娘一样有特异本领,护国佑民,被敕封为"昭仁显烈威济广祐圣王";宋邹应龙是状元,官至端明殿学士兼枢密院参知政事,诰赠太子少保。跟适中白云堂祀奉的"正顺圣王"有谢佑、谢安两种说法相类似,都是经历了灵异人士羽化为神,得到民间祀奉、朝廷敕封,最后又逐渐演化为儒学正统之士大夫的过程。这变化缘由,恐怕跟宋以后朝廷打击淫祠、淫祀有关。所谓淫祠,就是滥建的祠庙,不在祀典的祠庙；所谓淫祀，就是不合礼制的祭祀、不当祭的祭祀、妄滥之祭。邹公信仰和谢佑信仰，虽然也经过了宋代敕封（或敕建）、赐庙额，但在改朝换代之后，毕竟没有像妈祖信仰那样，历代皇帝还在一直加封，宋代封为"夫人""圣妃"，元代加封为"天妃"（俗称天妃娘娘），直到清代康熙收复台湾的次年褒封为"天后"（俗称天后娘娘），从而达到顶峰，列入国家祀典，春、秋二祀，而后嘉庆年间再晋封为"天上圣母"（俗称圣母娘娘）。朝廷为了维护封建秩序，以"礼"作为维系道德伦理之准则，希望人民能得到儒家诗礼的教化。在宗教信仰上，则只认可国家所定的正统神祇，其余皆为淫祀，历来皆为士人所讥，甚而为武力所禁。

在福建永定金砂、连城、华安，广西贺州，广东大埔、五华、揭西、紫金等地，有百余座邹公庙，亦祠亦庙（既是宗祠，又是寺庙）；正顺庙亦还存于尤溪、永安、南平、将乐、德化等地。我们不能不猜测，多多少少是跟邹公庙披上了宋代状元邹应龙的外衣、正顺庙披上了东晋名相谢安的外衣有一定的关系（当然也有当地民风淳朴、朝廷鞭长莫及的因素，中国历来皇权不下县，县以下实行乡村自治、宗族管理）。

如此看来，适中白云堂，凭借谢佑拜黄裳状元为师以及类同于张巡、李纲、文天祥等人的保家卫国故事，又适度演化为谢安的说法，千百年来坚持搞盛大的盂兰盆盛会，演绎"解民于倒悬"的精髓，集儒、释、道于一家，确实是十分顽强了！

厦门大学刘永华教授有长篇论文《道教传统、士大夫文化与地方社会：宋明以来闽西四保邹公信仰研究》，对这一现象研究得十分透彻，有机会我也想再细细研究适中白云堂盂兰盆盛会"亦佛亦道亦儒"之演变，此是后话，当另文撰写。

我痴痴地想，适中盂兰盆盛会的盛况，或许惊动了天上的白云，引得白云也驻足观看,这便是成语"响遏行云"所描绘的情景,也是有一首儿童歌曲所唱"白云也被吸引着不愿离开"的场景。或许,适中众姓的先祖想得更多,他们还联想到了让李白"眼前有景道不得,崔颢题诗在上头"的崔颢《黄鹤楼》一诗:"昔人已乘黄鹤去,此地空余黄鹤楼。黄鹤一去不复返,白云千载空悠悠。晴川历历汉阳树,芳草萋萋鹦鹉洲。日暮乡关何处是,烟波江上使人愁。"这首被人列为"唐诗七律之首"的脍炙人口的诗篇,抒发了诗人身处汉阳、思念家乡汴州的思想感情。是啊,在风雨飘摇的南宋政权之下,有多少人存有"偏安一隅""直把杭州作汴州"的想法呢?又有多少仁人志士、文人墨客发出"日暮乡关何处是"的感叹,并为之奋斗终生呢?难怪乡民们内心里更要祈祷"正顺圣王"等神明的力量了。由此看来,八百多年前适中白云堂的命名,真的是有些来由了!于今,我有幸拜谒古色古香的适中白云堂,斗胆为之易一字:"白云千载伫悠悠。"伫,长时间地站立;伫思,久望而辗转思念。诸君以为如何?或曰适中有文天祥驻师故垒,再易一字,为"白云千载驻悠悠",取"响遏行云、驻足观看"之义,恰与文天祥驻师联系起来,寓盂兰盆会"解民于倒悬"的忠孝精神永垂,诸君又以为如何呢?

4 "正顺圣王"是何尊神的争议

海峡卫视2011年10月14日晚10:30播放的"名镇名村——适中",视频影像中关于白云堂供奉的"圣王公"是何许人也?说法有三:一说"圣王公"是开漳圣王陈元光;二说"圣王公"是东晋丞相谢安;三说"圣王公"是北宋沙县"正顺圣王"谢佑。这三种说法孰是孰非?

白云堂的"圣王公"神框内存放着历史上留存下来的一块神牌,内书"敕封正顺圣王"。这块神牌不知何年何月所造。新中国成立初期,适中区人民政府号召破除迷信,发动中学学生把白云堂的所有神像抱到中学书院门口的灰坪上集中焚烧。这块神牌不知何信士偷藏于白云堂东宫的土墙上。改革开放后,恢复举办了以白云堂为主道场十年三庆的适中盂兰盆盛会(俗称"十月半")。盛会前一年,必须修缮白云堂。1985年,师傅修缮东宫时,无意中发现了这块神牌。

当时筹办"十月半"盛会的负责人谢春荣先生将这一神牌洗擦干净,并按原来字迹和图案重新油漆。"圣王公"出巡时,选派专人敬捧这块神牌于銮驾边,紧随"圣王公"巡察各佛寮点。这块神牌佐证了白云堂"圣王公"的尊称为"正顺圣王"。

"正顺圣王"又是何位尊神?作者带着这一不解之谜,从网上查询了有关"敕封正顺圣王"的历史资料,查出了被历朝帝王敕封为"正顺圣王"封号的确有其人。

笔者从刘晓迎先生《南宋闽西北客家人谢佑由人而成神明初探》一文中得知:谢佑(1064~1087)生于北宋英宗年间农历三月初七日,出生地在三明沙县中村乡白水村,后迁历西(今三明市梅列区列西)。传说谢佑少年时期,到剑浦(今南平)拜剑浦第一状元黄裳为师,并随黄裳镇守泉州南安三年。由于谢佑政绩卓著,被派遣到建州(今建瓯)任职。他在赴任途中遇到一位得道高人,学了道家法术和金符玉册。到建州后又拜一位叫萨真人的道士,再拜萨真人为师习武修道,练就了一身武功和道家仙术。传说杨家将的杨八姐率兵到三明一带剿匪,军队路过谢佑家时又渴又饿。于是,谢佑拿出一个小锡壶,倒茶水给将士们解渴,壶里的茶水久倒不竭,让将士们喝了个够。他又叫两长工到菜园里采摘茄子青菜,作为将士们用餐的菜。两长工刚摘下茄子青菜,地里马上又长出来了,直摘到够用为止。谢佑还蒸了一小笼米饭给将士们充饥,将士们都吃了个饱,笼里的饭还没有吃完。他还帮助官府剿匪,用巧计毒死来犯的土匪,为保卫三明屡建奇功。谢佑在三明地区为民众做了许多好事,宋元祐二年(1087),谢佑得道羽化成仙后,还经常显灵在三明地区救苦扶难。至今,三明地区民间还流传着许多有关谢佑保境安民的故事。所以,谢佑被当时在沙县任过职的北宋丞相李纲上表朝廷为他请功。于是,北宋皇帝敕封谢佑为"广惠将军显烈尊王"。南宋绍定六年(1233)七月,沙县乡民为奉祀谢佑,在沙溪河西岸建了一座庙。南宋淳熙十六年(1189),宋孝宗为这座庙赐予"正顺"庙额。从此,所有纪念谢佑的庙宇都称为"正顺庙"。自南宋以来,谢佑的神名日渐显赫,南宋咸淳十年(1274),经丞相文天祥奏请,又被朝廷加封为"日月盈光大帝"，配祀慈惠夫人，这些敕封都有历史记载。

三明市博物馆设在三明市梅列区列西南宋时期建造的正顺庙内。从博物馆的资料查到，这座正顺庙也是南宋绍定六年（1233）所建造的，迄今已有781年历史。1996年被列为"省级文物保护单位"。据史料及谢氏族谱记载，南宋期间，永安市贡川乡也建造了一座正顺庙。巧合的是，这三座始建年代最早的正顺庙，现今都保存得非常完好，白水村的正顺庙与列西的正顺庙相比，规模要小得多。除了这三座正顺庙外，在闽西北一带——尤溪、南平、顺昌、将乐、德化、漳平等地均建有规模不等的正顺庙。

笔者从《漳州府志》《漳浦县志》《平和县志》等志书中也查到了东晋贤相谢安的资料。谢安（320～385），字安石，任东晋丞相时，与弟谢石、侄谢玄、子谢琰领导了历史上著名的以少胜多的淝水之战，打败了北方前秦苻坚的入侵，使东晋的百姓免受了战争之苦，过上了安定的生活。谢安被历朝皇帝诰封为"护国尊王""广惠圣王""显济灵王"，但没查到其被敕封为"正顺圣王"的封号。只查到唐末后晋年间，漳州民间在现漳州市建元路东南侧，建了一座主祀谢安王爷的庙宇——王公庙，此庙建成后香火甚旺。于宋末、明万历、清嘉庆、清咸丰数度重修。整座王公庙，由前殿、天井、两侧殿、正殿等建筑组成。庙墙上嵌留有清朝刻立的一块石碑，碑文记录了王公庙的几件相关历史大事：一是明末清初名将郑成功攻入漳州时，亲临王公庙拜谒谢安圣王；二是清康熙十三年（1674），军门提督蓝理大将军到"王公庙"拜谒祈祷一事，并拨款购置良田收取田租，用于该庙每年的香火费用；三是当地姓张的清吏部尚书，得助于谢安圣王的灵感衣锦还乡，到庙谢恩并喜舍田产作庙宇奉祀费用。

《漳浦县志》载："谢东山庙，浦乡里在处皆有之，相传陈将军元光自光州携香火来浦,五十八姓同崇奉焉,故今祀于民间。"《漳州府志》云:"广惠王即谢安也,陈将军元光奉其香火入闽,启漳,漳人因祀之。"

现漳州市芗城区龙眼营巷口的王公庙,供奉着谢安、谢玄的神像。庙里有三对石柱楹联:一为"宝树传芳光晋史,灵鸡早唱警唐营",二为"正气溢间阎威灵共钦广应,顺时兴庙宇德泽威称丕臻",三为"克壮王犹正大勋名光晋史,调和元气顺成美利普漳江"。上下对联都嵌有"正顺"二字于其中。

为什么适中人会将白云堂供奉的"圣王公"说成是谢安呢?为什么白云堂开始举办盂兰盆盛会时,把"正顺圣王"尊为盛会的主神,出巡于各佛寮点供乡民虔诚朝拜呢?"正顺圣王"到底是谢佑还是谢安?从史料分析,我认为:

其一,依据龙岩市博物馆提供的"龙坪白云堂尚自有宋嘉定年间,(1208~1224)选甲岁庸建盂兰盆会"。此资料,可证明适中开始举办盂兰盆盛会的时间正处在南宋时期的公元1214年。此时,朝廷敕封谢佑为"正顺圣王",当时在适中居住的严、王、筱、石、杨、陈等姓氏民众,把当朝敕封的"正顺圣王"作为白云堂主神来虔诚朝拜很有可能。

其二,适中于公元1214年开始举办盂兰盆盛会,距南宋淳熙十六年(1189)宋孝宗赐予"正顺"庙额的时间相差仅25年之久,时间段相吻合。而清乾隆皇帝追封谢安为"圣王公",其时间与南宋孝宗皇帝赐予"正顺"庙额的时间至少相差五百多年。南宋时期主办盂兰盆盛会的适中先辈,应该不会未卜先知地将500年后清乾隆皇帝追封的"圣王公"谢安,作为当时白云堂的主神来供奉吧!

其三,白云堂不知何年代存留下来的"敕封正顺圣王"六个大字的神牌。从文史知识我们可知：封建朝廷诰封制度有严格的规定，只对六至九品官员才用"敕封"。而谢安是东晋官拜丞相的一品大员。一品至五品用的是"诰封"或"诰赠"，不可能对贵为宰相的一品大员谢安用"敕封"二字。而谢佑无论在泉南或是在建州任职，其官位都在六品以下，这块神牌所书的"敕封"应该说是恰如其分了。

根据上述三点，白云堂供奉的"正顺圣王"，我认为是谢佑。

历来还有一个众所周知的传说："圣王公"的出生地是"土城"，"土城"是"圣王公"的"胞衣窟"。所以，每届的"十月半"，"圣王公"出巡时，十月十三日晚一定要在谢家的土城行台住一个晚上。十四日早才出巡到林家的佛寮石桥头行台。传说中还提到："圣王公"的母舅是林家，所以，"圣王公"十四日在石桥头行台接受朝拜后，傍晚定要移驾到林家的礼佛山佛寮住一个晚上，以示不忘母舅家的恩典。东晋时期，谢、林两家还没在适中开基。被皇帝敕封为"正顺圣王"的谢佑出生于沙县白水村，谢安的出生地在南京乌衣巷。谢佑的夫人姓金，谢安的夫人姓刘，都不姓林。这些传说是历代适中"四姓七团"编造出来的"圣王公"故事，好让乡人们公认"圣王公"是在适中出生的圣人而更加崇敬和自豪。这个传说也告诉我们，适中白云堂的"正顺圣王"不是开漳圣王陈元光了。

民间有众多的图腾和信仰，"正顺圣王"指的是谁，现在已无关紧要了，重要的是在适中人民心目中对"圣王公"崇敬之情已经根深蒂固，对"圣王公"的信仰和朝拜至尊至诚。

适中盂兰盆盛会已被列入《福建省非物质文化遗产名录》。"十月半"与其说是一种民俗活动，不如说是古老文化中的一朵奇葩，是适中人民共有的历史文化遗产。就让它在民俗活动中永远焕发出勃勃生机吧！

5 朱熹在适中的传说和"四姓七团"的由来

《龙岩县志·清乾隆三年镌》记载:"唐开元二十四年,龙岩本新罗县之苦草镇,后于此置县。开宝元年改新罗为龙岩,以城东有龙岩洞,故名。……明洪武元年归附,岩属漳如故。……国朝(注:清朝)定鼎之后,雍正十二年,督抚宪酌定海疆,疏请升县为州,而以漳平、宁洋两县属焉,是为直隶龙岩州。"由县志记载可知,龙岩县从唐朝至清朝雍正这段时期都属漳州府管辖。

传说宋理学家朱熹任漳州太守时(宋淳熙九年,1182年,编者注认为应是1190年),重教兴学,并亲自写了一篇《龙岩学宫记》(此文载于《龙岩县志·清乾隆三年镌》)。据传说,当时,龙岩县令曾邀请他来龙岩讲学,他亦欣然应之。上坪系龙岩、漳州必经之地,朱熹赴龙岩途经上坪时,曾下榻于上坪的修来堂。上坪系多族姓群居之地,朱熹得知各姓氏之间不是很和睦,即召集各姓族长开会,并在会上提出几点建议:第一,各姓氏应联合起来举办盂兰盆盛会,加强各族姓之间的团结;第二,在修来堂左边建一座魁楼,并在仁和、白叶二村交界处建一座文明塔（传说现镶在塔中的"文明塔"三字，即是朱熹所书）。他认为上坪小盆地像一艘大船，建造文明塔犹如在这艘大船上竖立了一根桅杆，上坪这艘"大船"就会"长风破浪会有时，直挂云帆济沧海"了。第三，他认为上坪东面的上方山高峻而险恶，对上坪不利。他建议各姓族长在举办盂兰盆盛会时，制作八台模拟上方山的彩台，称之为大台戏，与上方山形成对峙，以祈化凶为吉。每座大台戏用木料建造，彩台上，坐八个童男童女，装扮成帝王将相、才子佳人。台背饰假山，嵌日月星辰、灵芝白鹤、瑞鹿祥云、寿龟蝙蝠，象征吉祥福禄寿。这样，上坪就会人才荟萃，成为文明之乡。各姓氏族长在朱熹的建议下，于1214年开始联合举办盂兰盆盛会。

　　1214年是由哪几个姓氏联合举办上坪盂兰盆盛会的？现无资料可以考证。据传1214年在适中的居民有严、王、筱、张、石、杨、陈、蔡等姓氏。首届上坪盂兰盆盛会应该是这几个姓氏联合举办的！（现居适中的林、赖、谢三姓，那时还没迁来适中开基），当时举办盂兰盆盛会时，按照朱熹的建议，在"正顺圣王"出巡时，为了与上方山形成对峙，以祈化凶为吉，制作了大台戏参与出巡队伍，到各姓氏的佛寮点巡幸。"正顺圣王"即是当今适中人民心目中至高无上的"圣王公"，也可能是首届盂兰盆盛会拥立其为白云堂的守护神，此俗沿袭至今。

　　适中俗称的"四姓"，指的是陈、林、赖、谢四个家族。据传，陈氏是适中四大姓中最早迁到适中开基的。《龙岩县志》（1945年版）载：1128年开漳圣王陈元光后裔陈七七率弟八八、九九由河南光州固始县南迁龙岩各地开基。陈七七之孙陈小十字古峰，于1180年左右迁来适中开基，距今八百三十多年，为中心、洋东两村陈姓一世祖。谢姓开基祖号万十二郎，名德，于1277年随文天祥的抗元义军，直接从上杭古田迁到适中开基。林家族谱载：林姓九郎公于元延祐二年（1315）迁到适中象山村开基，其孙乔公生三子，长子宗友、次子宗荣从象山迁到中心村的东甲、中溪村的龙埔开基（1380年左右）。赖姓的赖朝英与谢姓一样于宋末元初（1277），随文天祥的抗元义军，直接从上杭古田迁到适中开基；赖明高户于1404年从上杭古田迁到适中开基；赖万良户是由上杭迁到永定再迁到适中开基，其迁徙年代已无考。赖明高、赖万良二户比赖朝英户迟几十年迁到适中开基是无疑的。

以现在的概念来说，一个家庭为一户，但在封建社会中，"户"是最基层的管理机构，一个家族可为一户或几户，需官家批准才算数。封建时代由皇帝封赏的"千户侯""万户侯"即由来于此。"七团"指的是当时适中四个家族各姓氏户头的分支。陈姓称"陈家隆户"为一团；林家有二户即柏芳户和永高户，合称"林芳高户"，为一团；赖家三户即分为"赖朝英户""赖万良户""赖明高户"，各为一团。谢家族谱载："六世祖广宁、广生兄弟两家原来合为一户。明成化十八年（1482）弟广生公一家八人，买得吴德高家族一个户头，遂与侄阳周公分户，谢家七世起即开成两户。"从此，谢家七世一共有九个兄弟，分成两户，广宁公房"周、龄、德、泰、旻"五兄弟为"阳高户"，广生公房"璇、瑜、绍、显"四兄弟为"阳明户"。因九兄弟名字首字都是"阳"字，即称为谢氏"九阳"。从此，谢家就有两户两团了。

适中每届的盂兰盆盛会或佛事，即按陈、林、赖、谢四姓的份额来筹集费用资金。盂兰盆盛会理事会的缘首、都缘首，都是由上述的陈、林、赖、谢"四姓七团"的理事会推选出本团德高望重，对家乡、对家族有贡献的知名人士，并需在白云堂的诸神佛前抽签认可后，方可担任缘首、都缘首来全盘负责这一届十年三庆的盂兰盆盛会的庆典活动。

6 适中公馆

宋时，适中接待官员差吏的地方，设在现中心小学校园内，名曰"修来堂"。传说，宋大理学家朱熹任漳州太守时，欲往龙岩讲学，曾路经适中，在修来堂下榻过。明成化年间（1465～1487）修来堂扩建，始称上坪公馆，设巡按、巡道、理刑三馆，并用于接待过往官员和差吏。因上坪是闽西通往闽南的交通要道中段，明嘉靖十二年（1533）上坪公馆更名为适中驿，上坪的地名从此改为适中。（见吴公祠"碑记"）

适中公馆并排三座宫殿式建筑，气势宏伟。中间一座是独立式建筑，前殿是进入公馆的大门。大门两旁各建一间厢房。连接厢房的东西两边是两个小厅堂，前殿与后殿之间是天井，天井中间是一条上中堂的通道，通道两边是花圃。中堂是接待大厅，名为修来堂，据传修来堂早于宋朝即建成。修来堂大厅两侧，各建两间住宿用房。后殿建有一排四间土木结构的二层房屋，中堂与后殿之间有天井，两边是通道，西边的通道有一个上二层的梯道。

修来堂东侧，建有一座高大宽深的关帝庙。正殿与大门厅，错落有致，高低相差1米左右。门厅高约10米，宽约16米。四根粗大的木柱把门厅隔成"井"字形三部分，中间部分是戏台，不演戏时戏台枋收起来，放在正殿与大门厅东边的走廊里。其走廊1米多宽，4米左右长。与天井相连的东边走廊，下面用砖砌了1米高的墙，墙上是一根根窗栅，把整条走廊围成一间放戏台枋的房间，上下各有小门进出。84平方米左右的天井西边是上正殿的通道。两扇对开的大门是用栎木做成的，很坚实厚重。门外是一对一人高的大石狮子威武地守卫着整座关帝庙。

关帝庙正殿与门厅一样宽，但比门厅深。四根大柱子把正殿分隔成"井"字状，后墙部分是三个雕龙凿凤、金碧辉煌的神龛。中间神龛稍高大些，内坐关帝爷，他一手拂须、一手拿着《春秋》在全神贯注地阅读。关帝爷神像两边是周仓和关平的神像。神龛前是一张供桌，香烟缥缈，烛光高照。

关帝庙正殿西墙开有一个半圆形的小门，通往修来堂。

修来堂西侧是一座天后宫，其建筑形式与关帝庙一样高大宽广。前后殿也与关帝庙一样，但天井两边都是通道，正殿前面还有一道台阶可走下天井。不同的是，正殿西边建了一间与正殿一样深的小房间，应该是放戏台枋用的。正殿东墙外建了一个小阁楼，上层是一间用木板围成、与正殿同样深的房间，下层隔为三间，前两间作住房用，后一间"凹"字形开一个半圆的门与修来堂相通连。

天后宫正殿供奉的是天后娘娘（即妈祖），神龛也装饰得很美观，精雕细刻、图案精美、油漆锃亮。妈祖金身栩栩如生。

妈祖名林默，福建莆田湄洲岛人。生于北宋建隆元年（960）三月二十三日夜，其母王氏分娩前见一道红光，从西北射入室中，光辉夺目，香气飘荡，久久不散；又听得四周隆隆作响，好似春雷轰鸣，地变紫色。王氏感到腹中震动，妈祖于是降生了。她从出生至满月，一声不哭，因此，父亲给她取名"默"。

林默自幼聪慧，在私塾读书时老师所教文章很快融会贯通。童年即信佛，焚香念经早晚不懈。并得一老道授以"玄微秘法"，她依法修炼，均能领悟要旨。少女时，照妆于井中，忽见神人捧铜符一双从井中飞出将铜符送给她。妈祖则受之不疑，不久便能灵通变化。此后，她能驾云飞渡大海，拯救海难，驱恶扬善，并经常为人治病消灾而远近闻名。众人皆称她为"神姑""龙女"。宋太宗雍熙四年（987）重阳节，妈祖时年二十八岁，羽化为仙。此后，妈祖专以行善济世为己任，经常在大海中显灵，救人急难，拯救过往渔舟商船，护国佑民。于是乡里之人就在湄峰建起祠庙虔诚敬奉，后人前来朝拜者，络绎不绝。

宋元以后，妈祖信仰随之传开，历代皇帝对妈祖的褒封也逐步升级。宋宣和四年（1122），领事路允迪奉使高丽国，船在黄水洋遇风暴。恰好此船上水手从莆田雇来，危难中祈祷妈祖，终转危为安。回国后，奏请朝廷，宋徽宗赐顺济庙额（即妈祖庙），妈祖信仰从此获得了朝廷的认可。宋高宗绍兴二十五年（1155）封其为"崇福夫人"，这是对妈祖最早的褒封。南宋绍兴二十六年（1156），莆田人陈俊卿为当朝丞相，笃信妈祖，于是奏请朝廷诰封妈祖为"灵惠夫人"。之后，一路加封。自宋徽宗宣和四年（1122）直至清同治十一年（1872），四个朝代14个皇帝先后对她敕封了36次，封号最长达64个字，从"夫人""天妃""天后"到"天上圣母"。清康熙五十八年（1719），妈祖和孔子、关帝等一同被列入清朝地方的最高祭奠，地方官员必须亲自主持春秋二祭，行三跪九叩礼，使她成了万众敬仰的"海上女神"。

据仁和村林永传道士保存的《适中乡神名》一书，适中全境天后宫和奉祀妈祖娘娘神像的庙宇有十多处，大都是明清时期建造的。比较宏伟壮观的庙宇有适中公馆的天后宫、保宁与保太交界的天后宫、保太水口天后宫、仁和王墘天后宫、象山村洋心天后宫等。

适中公馆的关帝庙和天后宫也是清朝康熙以后兴建的,可惜如此华丽壮观的适中公馆已拆除殆尽,如此精美的古建筑我们再也见不到了。

附 录

白云堂历代碑文

"皇明"白云堂公田记

"皇明"白云堂公田记

甲子班碑文

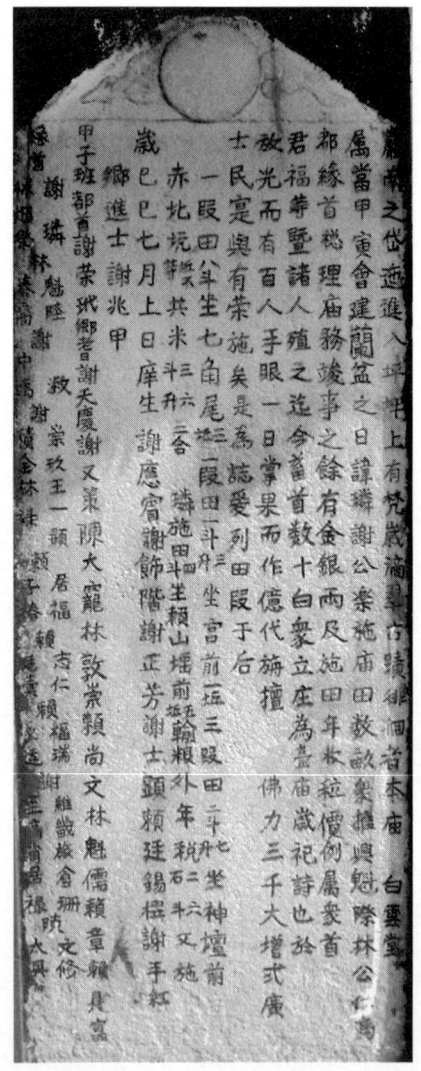

甲子班碑文

"福气"甲申班公田记

"福气"甲申班公田记

清甲戌班碑文

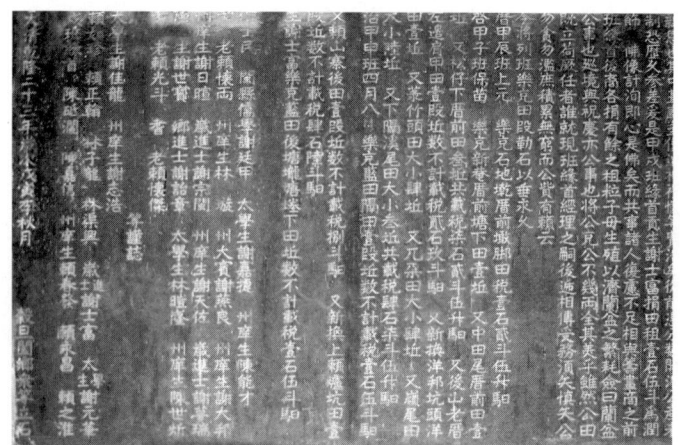

清甲戌班碑文

白云堂万历甲寅班旧碑记

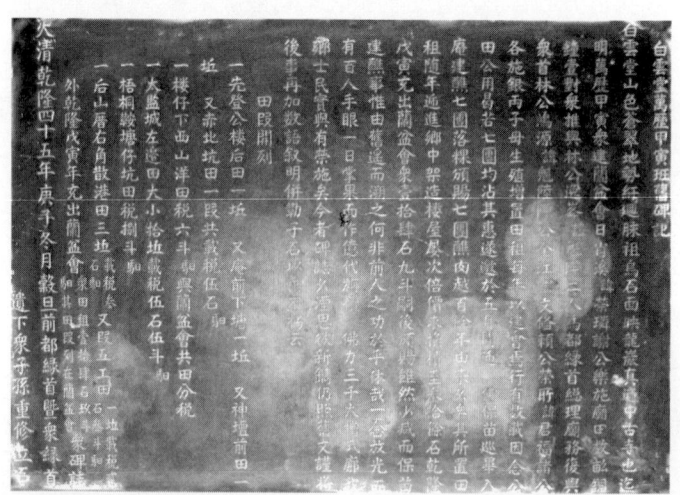

白云堂万历甲寅班旧碑记

谢阳周公计充正梁
谋得参与盂兰盆盛会

适中流传有一个"丈八桁丈八厅"的故事：明正统、景泰年间（1436～1457），陈、林、赖三姓联合重建白云堂，当时谢家人少、势单力薄，被排挤于外。据岩坪谢氏族谱谢文表公关于《岩坪谢氏来历》一文载，明景泰四年（1453），谢氏六世祖广宁公同弟广生公，兄弟叔侄一家共11人。谢氏阳周公借机计充正梁而得以参与其中。据说，白云堂重建时，木匠师傅因取错料把正桁的木料锯短了，没有预留架设的用材，造成了"丈八桁丈八厅"的失误，以致正桁无法安放。封建时代庙宇建筑很讲究上梁的时辰，不可耽误，陈、林、赖三姓负责人急不可耐，却无计可施。此时，木匠师傅说："听说谢阳周有一根做好的木料，可用来做白云堂正殿的正梁。"几位负责人听了喜出望外，立即到谢阳周家中和他联系。谢阳周满口答应，愿将这根又大又粗、刚做好不久的木料，供给白云堂正殿做正桁用料。他把这根正桁用红布包好，亲自送到白云堂。上梁的时辰一到，这根崭新的正桁，恰好架在白云堂正殿两根圆柱上。弥月拆红布时，众人看到正桁底面钉有一块木板，上面写着"上祝黄帝万安者信士谢阳周"的字样。（此块木板保存至今，不知何时被移钉到正殿前第二根的梁底）从此，谢家成了重建白云堂的四大家族之一，取得与陈、林、赖三姓联合举办盂兰盆盛会的资格。

岩坪谢氏族谱载:"七世祖阳周公,号七十郎,系广宁公长子。生于明永乐二十二年(1424)正月二十日未时。"岩坪谢氏族谱《阳周公赞语》说阳周公"精于地理,巧以经营,白云堂殿,四姓祀神;东宫巧耸,谢氏兴隆,仰公大泽,莫与之争"。谢阳周生于1424年,1444年他21岁,到广东拜师学"风水地理"。明景泰年间(1450~1457),他应该是学成归来,成为适中风水地理的名师。阳周公利用白云堂重建的机会,以"丈八桁丈八厅"的计策,为谢家谋取与陈、林、赖三姓联合举办适中盂兰盆盛会的资格,不应视为毫无事实根据的杜撰。

后　记

经过半年多的努力，在走访了一批专家学者和知情人、搜集了一批资料后，在福建省民间文艺家协会的指导、单位领导的支持和一批专家学者的帮助下，在福建省龙岩市新罗区文体新局和区文化馆精心协调下，我终于拿出了书稿付梓。其间的艰辛虽然自知，但拿出书稿以后，却感到轻松、愉悦与享受。

在此书的撰写过程中，曾得到福建省民间文艺家协会副主席陈晓萍及谢财万、何志溪、林世龙、谢炎洲、谢牧人、王贵恒、枫庵、林建初等诸多同志的支持、帮助，尤其得到曾任适中中心学校校长的谢财万先生鼎力相助。时谢老先生已四处搜集与适中盂兰盆盛会相关的材料正欲整理，闻悉笔者欲写此盛事，遂将其手头材料倾囊相授，其中不乏其已整理好的文稿。谢老先生于此书可谓功莫大焉。更兼得龙岩市民间文艺家协会名誉主席何志溪先生的教诲，曾几度帮忙检校，此间深情令笔者深感惶恐。此两老堪称本书顾问。书稿成型之日，余心惴惴，或忧有负二老所望，或忧此文不足以诠释适中盂兰盆盛会之底蕴，诚惶诚恐。

在这里，谨对他们表示深切谢意！

脱稿后对书稿重新审视,又不知是否能准确反映适中盂兰盆盛会所具有的深厚文化内涵,心中十分忐忑。如今冒昧出版,还期待读者的不吝赐教。

段勇彬于 2016 年 10 月霜降日

图书在版编目（CIP）数据

白云千载：龙岩适中盂兰盆盛会 / 段勇彬著. — 郑州：中州古籍出版社，2018.12
（华夏文库民俗书系）
ISBN 978-7-5348-8013-1

Ⅰ. ①白… Ⅱ. ①段… Ⅲ. ①节日 – 风俗习惯 – 介绍 – 龙岩 Ⅳ. ①K892.1

中国版本图书馆CIP数据核字（2018）第211047号

华夏文库·民俗书系
白云千载：龙岩适中盂兰盆盛会

总 策 划	耿相新　郭孟良
项目协调	单占生
项目执行	萧　红
责任编辑	张　雯
封面设计	新海岸设计中心
版式设计	曾晶晶
美术编辑	王　歌

出　版	中州古籍出版社
	地址：河南省郑州市经五路66号
	邮编：450002
	电话：0371-65788693
经　销	新华书店
印　刷	河南新华印刷集团有限公司
版　次	2018年12月第1版
印　次	2018年12月第1次印刷
开　本	960毫米×640毫米　1 / 16
印　张	8.75印张
字　数	95千字
定　价	28.00元

本书如有印装质量问题，由承印厂负责调换。